KB077982

마음의 평온을 소중히 여기는 사람은
가장 최선의 삶을 살 수 있다.

마르쿠스 아우렐리우스

예민한 사람도
마음이 편안해지는 작은 습관

예민한 사람도 마음이
편안해지는 작은 습관

니시와키 슌지 지음   이은혜 옮김

더 퀘스트

책을 읽기 시작한 지 5분도 채 되지 않아 "이건 그냥 내 얘기인데?" 싶었다. '멋지고도 버거운' 인생을 보내고 있다니, 예민함이 내가 가진 가장 큰 장점이자 단점이라 여겼던 내게 꼭 들어맞는 문장이 아닌가. 새벽 내내 잠 못 이루어 고민이었던 이 시대의 모든 낭만들에게 이 책을 권해주고 싶다. 오랜만에 한 번도 깨지 않은 꿈 같은 단잠을 선사해주신 작가님께 감사를 보내며.

✧ 작가 새벽 세시

예민한 사람들에게는 일상생활에 스며드는 치유법이 필요하다. 이 책에는 마음을 지키기 위한 방패, 행복을 찾아 떠나는 여행길에 신고 갈 운동화 같은 도움들이 담겨 있다. 저자가 진료와 경험이라는 실전 검증을 거쳤으니 '나는 예민한 사람이야!'라고 느끼는 사람은 책을 읽고 실행으로 옮기기만 하면 된다.

✧ 정신건강의학과 전문의 김병수

처음 가는 도시에서 길을 잃거나 계획했던 일정이 어긋날 때 힘들어하는 편이다. 스트레스와 예민함은 내 하루가 내 의지대로 되지 않을 때 생겨나는 것이라고 생각했다. 거꾸로 생각해본 적은 없었다. 내 의지로 습관을 만들면 스트레스와 예민함이 다스려질 거라고. 읽다 보면 쉬워 보이는 내용들이지만 이런 습관의 가이드라인이 내 주변에 있고 없고의 차이는 또 생각보다 크다.

✧ 뮤지션 슈가볼

I've been a highly sensitive person ever since I can remember. From crying in every - even remotely - sad part of every Disney movie, to holding back the tears when trying to stick up for myself. I immediately related to this book, 《예민한 사람도 마음이 편안해지는 작은 습관》, because I also - rather recently - realised that it's ok to feel things more strongly than others might. And that there are a few, simple things that can help us deal with what sometimes feels like an overwhelming sensation. It's important to alleviate that weight from your heart and tightness in your chest, and realise that not everything is about you. Take a step back, a deep breath, and make sure you aren't being too hard on yourself. It's ok to be sensitive, it's ok to be you.

어릴 적 기억부터 저는 매우 민감한 사람이었습니다. 모든 디즈니 영화의 슬픈 장면, 심지어 상관없는 사소한 장면에서도 터지는 울음을 참으려고 애썼지요. 저는 곧바로 이 책 《예민한 사람도 마음이 편안해지는 작은 습관》에 공감할 수 있었습니다. 다른 이들보다 더 예민하게 느껴도 괜찮다는 것을 거의 최근에야 깨달았기 때문입니다. 때론 간단한 몇 가지 행동이 압도하는 감정을 다루는 데 도움이 된다는 점도요. 모든 일이 다 자신 때문은 아닙니다. 한 발짝 떨어져 심호흡을 하고, 스스로를 너무 힘들게 하고 있진 않은지 살펴주세요. 예민해도 괜찮습니다. 당신이어도 괜찮습니다.

✧ 사진작가 테레사 프레이타스

'올해의 책' 독자 추천사

예민한 나를 이해하고 사랑하게 만들어주는 책   ID bae**

가볍지만 깊은 내용으로 하루하루 나를, 삶을 달라지게 만드는 책   ID bin**

실용적 방법들이 나와 있어서 유용해요. 읽으면 편안해집니다.   ID lpu**

이 책으로 인생이 많이 달라졌어요.
내가 변해야 환경도 변한다는 걸 알았고 세상에 한 걸음 더 다가가게 되었죠.   ID 34q**

내 마음을 알아주는 책   ID ill**

예민하거나, 곁에 있는 사람이 예민하다면 꼭 읽어보길 추천한다.   서점MD 강**

출처_YES24

들어가며

반갑습니다. 정신과 전문의 니시와키 슌지입니다.

이 책을 펼친 당신은
아마 남보다 '예민한 마음'을 가지고
이 세상을 어떻게 살아가야 하는지에 대한 힌트를
찾고 계신 분일 겁니다.

무슨 일이든 민감하게 받아들이는 탓에
때로는 삶이 괴롭다고 느낀 적도 이미 많으실 겁니다.
요즘 예민함이라는 단어가 주목을 받으면서
저의 클리닉에도 자신의 기질이나 성격 때문에 힘들다며

상담을 받으러 오시는 분이 늘었습니다.

정신과 전문의는 정신적인 질병과 장애를 치료하고
관리하지만, 예민함은 질병이나 장애가 아니기에
원칙적으로 의학적인 대처법은 없습니다.
하지만 현실에는 예민한 성격 탓에 힘들어하는 사람이
생각보다 많습니다. 저는 그런 분들을 보면서
'내가 할 수 있는 일이 없을까?' 오랫동안 생각해왔습니다.

예민한 분들의 고민은 사람마다 천차만별입니다.

소리에 민감하거나 피부에 닿는 옷의 촉감이 거슬리고,
혼잡한 곳에 있으면 피곤하고, 늘 타인의 표정을
살피기 바쁘며 분명 남의 일인데도 감정이 요동칩니다.
거의 공통적으로 이런 특징이 나타나지만,
더 자세히 들여다보면
한 사람 한 사람 그 양상이 가지각색입니다.

이와 비슷하게 환자마다 양상이 제각각인 분야가 바로
저의 전문분야이기도 한, 자폐 스펙트럼 같은

발달장애입니다.

그들의 감각은 더 독특해서

옆에서 보면 도저히 이해할 수 없을 때도 있습니다.

그로 인해 일상생활에 자주 지장이 생기기도 합니다.

참고로 저 역시 발달장애의 하나인

아스퍼거증후군Asperger's syndrome을 앓고 있습니다.

큰 소리가 나거나 소란스러운 장소에 있으면

고통을 느끼고는 합니다. 위압감을 주는 사람이나

큰 소리를 내는 사람은 대하기 어려워서

인간관계에서나 일하면서 힘들었던 적도 많습니다.

이런 저 자신과 환자분들, 지나치게 민감하다는

고민을 안고 클리닉을 찾는 분들을 접하면서

저는 하나의 결론에 도달했습니다.

'정신과 의사로서의 지식과 경험이

예민한 사람에게도 도움이 된다.'

예민한 분들은 다른 사람보다 더 많이 불안해합니다.

남들은 가볍게 흘려버리는 일을 심각하게 받아들여서
상처받고 동요하기 때문입니다.
하지만 제가 지금까지 임상에서 실천해온 방법들을 응용하면
이런 현상을 상당 부분 완화할 수 있습니다.
섬세한 성격은 그대로 유지한 채,
불안과 고통만 줄일 수 있습니다.

그 방법을 이 책에서 소개하려 합니다.
몇 가지 '습관'을 바탕으로 하는 방법들입니다.
다만 아시다시피 습관이란 몸에 배기까지
시간이 걸립니다.
그래서 이 책에 등장하는 요령 중에는
효과가 즉시 나타나는 방법도 있지만,
대부분은 꾸준히 실천해가는 사이에 효과가 나타나는
방법들입니다.

하지만 이렇게 꾸준하게 천천히 다가가는 편이
더 큰 성과를 얻을 수 있는 법이니 걱정하지 마세요.
당장 급한 불만 끄는 '임시방편'과는 차원이 다르다고
자부합니다.

한 가지 습관이 생기면 이어진 다른 문제도 덩달아
해결됩니다.
따라서 습관이 두 가지, 세 가지로 늘어가면
그만큼 시너지 효과도 더 커집니다.
365일 24시간 중에 평정심을 유지하는 시간이 늘게
됩니다.
그리고 삶의 변화로 이어집니다.

예민한 분 중에는 '내성적'인 분들이 많다 보니
이제껏 수많은 기회를 놓치고 살아온 분들도 있을 겁니다.
하지만 한 발만 나아가면 정말 나답게,
만족스러운 인생을 보낼 수 있습니다.

여러분이 그 문을 꼭 열 수 있기를 바랍니다.
노력과 습관을 통해 마음이 평온해질 것입니다.
이 책을 펼친 여러분이 행복한 일상을 보내며
원하는 결실을 거두기를 기원합니다.

하타이 클리닉 원장 정신과 전문의 니시와키 슌지

PART 1

사소한 일은
흘려넘기는 습관

예민한 사람은
무엇을 느낄까?

'다섯 명 중 한 명은 섬세한 기질을 타고난다.'

미국의 심리학자 일레인 아론 *Elaine N. Aron* 박사는 이렇게 주장한다.

그는 그들을 '매우 예민한 사람 *Highly Sensitive Person*'이라는 용어로 표현했다.

예민하다는 사람을 실제로 보면 그렇게 단순하지만은 않다.

타인에 대한 상냥함, 사려 깊은 신중함,

속된 것을 멀리하는 기품 같은 장점이 있지만,

한편으로는 소극적이고 쉽게 상처받는 약점도 지녔다.

그 밖에도 다양한 특징의 상호작용으로
복잡한 상승효과가 나타난다.
이것을 정리한 지표를 'DOES'라 한다.
예민한 사람의 특성으로 대표되는
네 가지 요소의 앞글자를 따서 만든 조어다.

이 네 가지 특성을 살펴보자.

1. 복잡한 생각과 사려 깊음 *Depth of processing*

내성적이며 사색적인 경향이 강하고 형식적인 겉치레에
서툴다. 행동으로 옮기기까지 오래 생각하는 소극적인
면도 있다. 상상력이 풍부하다. 한 가지에 몰두해
연구하는 일에 뛰어나다.

2. 과잉 자극 *Overstimulation*

타인의 감정, 현장 분위기, 일어난 일 하나하나를 다른
사람보다 심각하게 받아들인다. 쉽게 공포를 느끼고,
상대가 조금만 싫은 내색을 보이면 긴장해서 피로를
느낀다. 즐거운 일을 해도 피곤하다.
'친구와 식사를 하고 왔을 뿐인데도 왠지 모르게

피곤하다'라고 느끼는 일이 전형적인 사례다.

그러다 자신도 모르는 사이에 마음속 상처가 깊어진다.

3. 감정이입과 공감성 *Emotional reactivity and high Empathy*

책이나 영화 내용, 예술작품이나 경치에 깊이 감동한다.
타인에게 세심하게 신경 쓰고 가끔은 배려가 지나쳐
피곤할 때도 있다. 친구의 고민을 들어주다가 자신도
눈물을 흘리고, 옆에서 동료가 혼이 나면 당사자보다 더
상처를 받는 등 타인의 경험을 자기 일처럼 느낀다.

4. 예민한 오감 *Sensitivity to subtle stimuli*

사람이 붐비거나 어질러진 공간처럼 시각적 정보가
지나치게 많은 경우에 피로를 느낀다. 갑자기 큰 소리가
나거나 다양한 소리가 섞여 들리는 상황도 견디기 힘들다.
냉장고 소리나 시계 소리가 거슬리는 사람도 있고,
천의 까슬까슬한 촉감, 진한 냄새, 카페인 자극,
식품첨가물에도 자극을 받는다. 다만 전체적으로 보면
감수성이 풍부해 예술을 깊이 음미할 수 있는 장점도
있다.

어떤가?

'딱 내 이야기'라며 공감하는 부분도 있고

'이 부분은 좀 다르다'는 생각도 들겠지만,

매일 감동과 상처가 교차하는

'멋지고도 버거운' 인생을 보내고 있다는 점만은

모두가 인정할 것이다.

예민한 사람은
매일 감동과 상처가 교차하는
'멋지고도 버거운' 인생을 보내고 있다.

'고칠 수 없다'라는
전제에 당신은 만족하는가?

'내 이런 성격, 어떻게 좀 바꿀 수 없을까?'
예민한 사람들은 살면서 수도 없이
이런 생각을 했을 것이다.
하지만 세간에서 이러한 바람에 대해 돌아오는 건
'어렵다'는 답변뿐이다.

예민한 성격은 타고난 개성이니
고칠 수 있고 없고의 문제가 아니라거나,
고쳐야 할 문제 자체가 아니라는 것이다.
거기에 대부분 다음과 같은 말이 따라온다.
"그런 성격으로 살아가려면 힘들기는 하겠지만,

그 또한 당신다운 멋진 인생입니다!"

달콤하게 들리는 이 같은 메시지는
당사자에게 잠깐의 위로가 될지도 모른다.
어지러운 바깥세상에 상처 입은 섬세한 자신의 모습이
어쩐지 비극적이면서 아름답기도 하다.
의사인 나 또한 예민한 성격의 소유자이며
예민한 사람들을 수도 없이 상담해왔으니
그저 받아들이라는 메시지에 위안을 주는
효과가 있다는 사실을 부정하진 않겠다.

하지만 여기서 만족하면 해결로 이어지기 어렵다.
전제가 '성격은 고칠 수 없다'이면
대응법은 오직 그런 성격의 자신을 보호하는 방향이 된다.

'거슬리는 소음을 어떻게 하면 차단할 수 있을까?'
'타인의 말과 행동에 상처받지 않고 나 자신을
지키려면 어떻게 해야 할까?'
'집에 돌아가서 어떻게 하루 동안 지친 마음을
다스릴 것인가?'

이 모두가 방어적인 대응이다.

사실 지금부터 이야기할 요령에도
방어적인 요소가 많이 담겨 있다.
하지만 한 가지 큰 차이점이 있다.

나는 예민함을 '고칠 수 없다'고 생각하지 않는다.

물론 예민한 성격을 갑자기 둔감하게 만들 수도 없고
사실 여러분도 이를 원하지 않는다.

하지만 예민함 때문에 생기는 '고통'을 덜어주는 일이라면
아주 불가능하지 않다.

변화가 가능하다는 새로운 전제를 바탕으로 생각하면,
괴로운 장소나 상황 또는 사람을 그저 피하기만 했던
대응에서 한 발 나아갈 수 있다.
설사 어쩌다 그런 상황이나 사람을 맞닥뜨리더라도
금세 회복할 수 있다.

그러니 있는 그대로의 모습으로
지금의 버거운 인생을 극복하는 모습도
선택지에 넣어보자.
분명 지금까지와는 다른 생활, 다른 세계의 출발점이
열릴 것이다.

예민함은
결국 ○○에 의해 좌우된다

예민함의 정도나 신경에 거슬리는 부분은
사람마다 다르다.
그렇다면 한 사람의 예민함은 어떨까? 항상 일정할까?
대답은 '아니오'다.
똑같은 소리, 똑같은 냄새라도 괜히 거슬리는 날이
있는가 하면 이상하게도 괜찮은 날이 있다.

우리는 어떨 때 과민해지고,
어떨 때 평정심을 유지할 수 있을까?
이 질문의 핵심 키워드는 '스트레스'다.

스트레스 수치가 높으면 오감이 날카롭게 곤두서고,
수치가 낮으면 자극에 견디는 내성이 강해진다.
이는 자신이 예민하다는 자각이 있는 사람뿐만 아니라
모든 사람에게 나타나는 공통적인 법칙이다.

나의 전문분야인 자폐 아동들을 보면
이 법칙이 가장 극단적인 형태로 나타난다.
지금까지 수많은 자폐증 환자들을 보아왔는데,
그들이 보이는 특징적인 행동은
스트레스의 양과 강한 상관관계를 보였다.

'까치발'을 예로 들 수 있다.
자폐아들은 자주 발레리나처럼 까치발을 하고
걸어 다닌다.
뒷발꿈치가 지나치게 예민하기 때문이다.
뒷발꿈치가 땅에 닿으면 너무나 고통스러워
발꿈치를 들 수밖에 없다.
지금은 많이 알려진 사실이지만,
이 사실이 밝혀지기 전에는
아킬레스건 연장 수술을 하거나

들린 발꿈치를 통굽 신발로 지탱하는 엉뚱한 방법으로
대응하기도 했다.

요즘은 자폐증 치료 현장에서
'티치 프로그램 *TEACCH, Training and Education of Autistic and related
Communication handicapped Children*'이라는 치료 교육을 한다.
그들의 감각에 딱 맞는 환경을 만들어
자연스럽게 의사 표현을 하도록 하는 훈련법이다.
이 프로그램을 통해 스트레스가 사라지면
까치발을 하고 걷던 아이들이 발꿈치를 땅에 붙이고
걷는다.

편식도 줄어든다.
자폐아는 딱 한 가지 음식만 먹는
극단적인 취향을 보이기도 하는데,
이는 예민한 미각, 후각, 촉각에서 생겨난 것이다.
맛이 없다, 냄새가 역하다, 식감이 별로다라고 느끼니
먹을 수 있는 음식이 거의 없다.
하지만 스트레스가 줄고 안정을 찾으면
이런 과민반응도 줄어든다.

청각과 시각도 마찬가지다. 눈부신 빛이나 청소기 소리,
압력밥솥 소리, 가끔 알전구 조명의 소리도
신경이 쓰인다는 아이가 있지만,
이 또한 거슬리지 않게 된다.

스트레스를 줄이면 과민반응이 줄어든다.
그리고 다시 한 번 말하지만,
이는 '모든 사람'에게 나타나는 공통적인 법칙이다.

예민한 사람이 자신의 '버거운 인생'을
극복할 수 있는 열쇠가 바로 여기에 있다.

스트레스를 다스려 자극에 흔들리지 않도록 마음을
정돈하는 것.

이것이 근본적인 원칙이다.

●

스트레스를 줄이면 과민반응이 줄어든다.
이는 '모든 사람'에게 나타나는
공통적인 법칙이다.

인간은 태어날 때부터
스트레스를 받는다

'스트레스를 많이 받아서 예민해진다고?'
'원래 너무 예민하니까 스트레스 받는 거 아니야?'

이런 생각에 혼란을 겪는 분도 있을 것이다.
이른바 '닭이 먼저냐, 달걀이 먼저냐' 하는 문제인데,
나는 '스트레스가 먼저'라고 생각한다.

왜냐하면 사람은 태어나는 그 순간부터
엄청난 스트레스에 노출되기 때문이다.
평화롭던 배 속 생활이 갑자기 막을 내리고
좁은 산도産道를 미끄러져 내려오면서

아기는 온몸에 압박을 받는다.
이때를 기억하는 사람은 없겠지만
틀림없이 힘든 경험이었을 것이다.
게다가 태어나서는 어떤가. 갑자기 쏟아지는 빛,
양수를 떠다닐 때와 전혀 다른 감각, 추위가 밀려온다.
숨쉬기조차 제 맘대로 할 수 없는 환경에 놓이는 것이다.

이렇게 인생의 시작부터 초반까지는
스트레스의 연속이다.
자극에 쉽게 고통받는 사람의 예민함은
여기서부터 시작한다.
그다음에는 '예민해서 스트레스를 받고',
'스트레스를 받으니까 점점 더 예민해지는'
악순환이 이어진다. 이 악순환을 끊어내야 한다.

예민한 사람이 스트레스를 받는 요인은 셀 수 없이 많다.
오감으로 느끼는 자극, 주변 사람의 표정과 반응,
타인의 말과 행동, 예술이나 문학작품의 내용……
예술작품에 감동받거나 타인에게 공감하는 일은
(때로는 피곤하기는 하지만) 마음을 촉촉하게 만드는

기회이기도 하다.

하지만 냉정함과 판단력이 필요한 순간에는

쉽게 공감하는 능력이 오히려 발목을 잡기도 한다.

도움 되지 않는 스트레스를

확실히 줄이는 법을 알아보자.

왜 사소한 일에
신경이 쓰일까?

우리에게 도움 되지 않는 스트레스가 제일 많이 들 때는
일을 할 때다.

업무를 시작하려 해도 무엇부터 해야 할지 모르겠다.
너저분한 책상 위나 주변 사람들의 대화 소리가
신경에 거슬린다.
어떤 일을 시작했지만 '다른 일도 해야 하는데'
라는 생각이 머릿속을 떠나지 않는다.
겨우 일에 집중하면 이번에는 하나하나 꼼꼼하게
봐야 해서 시간이 걸린다.

이렇다 보니 일을 마치고 나면 기진맥진이다.
직장이 아니더라도 가사노동이나 공부할 때도
똑같이 피로를 느낄 수밖에 없다.

이렇게 사소한 일에도 신경 쓰는 성격이라면
주변에서 이런 말을 자주 들었을 것이다.
"그런 일에 일일이 신경 쓰면 한도 끝도 없어."

이때 예민한 사람은 속으로 이렇게 중얼거린다.
'성격상 신경이 쓰이는 걸 어떡하라고.'
'억지로 무시하는 것도 스트레스거든.'
'이건 내가 어찌할 수 없는 일이야.'

하지만 단정 짓기에는 아직 이르다.
확실한 해결 방법이 존재하니 말이다.
바로 사소한 일이 신경 쓰이는
'이유'를 찾아 대책을 세우는 것이다.
그 이유가 뭘까?

한마디로 말하자면 우선순위를 정하지 못해서다.

사람의 뇌는 끊임없이 다양한 정보를 받아들이며
'중요한 일'과 '그렇지 않은 일'을 구분한다.
이때 지나치게 예민한 사람은
'모든 일을 같은 크기로' 받아들이다 보니
중요하지 않은 일이 무엇인지 판단하기 어려워한다.

하지만 판단하기 '어려운' 것일 뿐, '모르는' 것이 아니다.
급한 서류를 작성하는 일과
노트에 붙은 가격표 스티커를 떼는 일 중에
무엇이 중요한지 모르는 사람은 없다.

"아니요. 저는 가격표도 신경이 쓰여요"
라는 사람이 있을지도 모르지만,
'신경이 쓰이는 것'과 '모르는 것'은 다르다.
둘 다 신경이 쓰이더라도 동시에
'가격표 같은 건 사실 사소한 일인데'라는 점도
분명히 인식하고 있다.

이 인식을 '단련'하는 습관을 들여보자.

습관이 되면 사소한 일에 신경 쓰는 버릇은 점차
사라진다.

하룻밤 새에 몸에 배지는 않겠지만
다음에 소개하는 방법을 한 걸음 한 걸음 몸에 익히면
신경을 건드리던 수많은 요인을 깔끔히 몰아낼 수 있다.

효율적인 우선순위를 정한다
'TO DO 리스트' 습관

우선 매일 'TO DO 리스트'를 작성하는
습관을 들여야 한다.
이 리스트는 일의 우선순위를 정하는 연습이자,
중요한지 아닌지를 쉽게 구분하는 연습이다.
여기에는 몇 가지 규칙이 정해져 있다.

첫째, 아침에 일어나자마자 적어야 한다.

인간은 활동을 시작하면
오감을 통해 새로운 정보를 닥치는 대로 받아들인다.
'추위', '따뜻한 물이 왜 안 나오지',

'얼굴이 부었네', '맞다, 텔레비전 켜야지',
'와, 저런 일이 있었구나'

하며 이런저런 생각을 하는 사이에
뇌는 정보에 휩쓸려 차분하게 리스트를
작성할 수 없는 상태가 된다.
그래서 가장 좋은 시간은 아침에 일어나
화장실을 다녀온 직후부터 세수하기 전까지다.

둘째, 오래 붙잡고 있지 않아야 한다.

익숙해지기 전에는 30분 정도 걸려도 괜찮지만,
가능하면 15분 안에 끝내야 한다.
집안일이나 외출 준비를 시작할 시각을 정해두고
그보다 15~30분 일찍 일어나는 방법을 권한다.
'마감' 개념이 생겨 빨리 끝내게 될 것이다.

그리고 가장 중요한 셋째,
다섯 개 이내로 적어야 한다.
'말도 안 돼. 할 일이 얼마나 많은데'라는 생각이 드는가?

그렇다면 당신은 '스케줄'과 'TO DO 리스트'를
같은 맥락에서 생각하고 있을지도 모른다.

스케줄은 해야 할 시간과 기한이 분명하게 정해진 일이다.
예컨대 직장인이라면
출퇴근, 업체 미팅, 서류 작성 같은 일을 말한다.
집안일이라면 아이의 등·하원, 빨래, 식사 준비가 된다.
이런 일들은 이미 일상적으로 반복하고 있으니
따로 적을 필요가 없다.

TO DO는 스케줄의 '빈틈'을 이용해서 하는 일을 말한다.
예를 들면 '○○에게 답장을 한다',
'내일 모임의 인원수 확인', '택배 발송'과 같은 일이다.
이런 일이라면 그렇게 많지 않다.

그래도 다섯 개는 너무 적은가? 그래서 연습이 필요하다.
처음에는 생각나는 대로 적은 다음,
아래처럼 따져가며 될 수 있는 한 줄인다.
'꼭 오늘 해야 하는가?'
'달리 무슨 일이 생겨도 해야만 하는 일인가?'

순위를 정하는 작업을 통해

일의 경중을 나누는 감각을 익힐 수 있다.

그러다 보면 점차 6위 이하는

삭제해도 별 상관없다는 사실을 깨닫게 될 것이다.

즉, 사소한 일은 사소한 일로 흘려넘기는 능력이 생긴다.

'어려운 순서 정하기'와
'긴장'을 해결하는 요령

TO DO 리스트 작성 습관을 통해
일들의 우선순위를 정하는 능력은 꾸준히 높여갈 수 있다.
그런데 하나의 일을 수행할 때도 우선순위가 필요하다.
예민한 사람은 이때도 혼란에 빠지기 쉽다.

대표적으로 기획서를 쓴다고 가정했을 때
우선 큰 흐름부터 정해야 한다는 것을 알면서도
글자 폰트나 페이지 구성을 먼저 고민하는
경우를 들 수 있다.

집에서도 손님이 도착하기 전에

'현관이 깨끗한지 확인해야 하는데'라고 생각하면서
절대 눈에 띌 리 없는 주방 벽의 기름 자국을
열심히 지우고 있다.

원인은 '완벽주의'다.
임무를 구성하는 모든 부분이 중요하게 보여서
세세한 부분까지 챙기지 않으면 견딜 수가 없는 것이다.
하지만 완벽주의로는 절대 완벽하게 일을 마무리할 수 없다.
세세한 부분에 치중한 나머지
중요한 부분을 놓치거나 시간이 걸려 기한을 넘기는
실수를 하기도 한다.

이때는 TO DO 리스트와 정반대의 대응이 필요하다.
순서를 자세하게 적어야 효과가 있다.
'세세한 부분에 치중해서 문제인데
자세하게 적어도 괜찮을까?'
이런 걱정은 넣어두라.
적으면서 필요한 세부 사항과
불필요한 세부 사항을 구별할 수 있을 테니.

먼저 밑그림을 그리듯이
어떤 일을 시작하기 전에
시나리오를 짜두면 실제 작업이
훨씬 편해지고 긴장도 풀어진다.

이 연습은 발달장애 아동들이 하는 '과제분석'이라는
접근법에 바탕을 두고 있다.
과제분석은 한 작업의 순서를 최대한 세분화하는
방법이다.

예를 들면 '냉장고에서 보리차를 꺼내온다' 대신에
'냉장고 앞으로 간다 → 냉장고 문손잡이를 잡는다 →
당긴다'와 같이 자세하게 지침을 나눈다.

이 방법을 참고해서
일을 시작하기 전에 5분간 순서 시나리오를 짜보자.
기획서 작성의 시나리오로 예를 들면
우선 작성 과정에 필요한 작업을 하나하나 적는다.

▶ 기획서 제목을 정한다.
▶ 기획의 개요를 작성한다.
▶ 이 기획이 필요하다는 근거를 작성한다.
▶ 참고할 만한 사례를 작성한다.
▶ 글자 폰트와 크기를 정리해서 기획서에 적용한다.

이렇게 보니 작업 시작 단계에서
제목의 글자 크기나 폰트를 고민할 것이 아니라,
먼저 A4 용지에 내용부터 작성해야겠다는 생각이 들지
않는가?
내용이 작성되면 그 뒤에는 디자인만 정리하면 완성이다.

그림을 그릴 때 먼저 밑그림을 그리듯이
어떤 일을 시작하기 전에 5분만 투자해서
시나리오를 짜두면 실제 작업이 훨씬 편해진다.

이 습관은 예민한 사람들이 지닌
특유의 '긴장'을 푸는 데도 효과가 있다.

차분하게 시나리오를 쓰다 보면
일을 시작하고도 평온한 마음을 유지할 수 있고,
'전부 중요해 보이는 현상'을 막을 수 있어
기타 작업에 정신을 빼앗길 일이 없다.

스몰 스텝을
기본으로 삼자

순서를 적을 때 작업 과정의 세분화 수준은
자신의 감각에 따라 정해도 상관없다.
다만 자기 생각보다 약간 더 세분화하는 것이 좋다.
'이런 당연한 일까지 적을 필요가 있을까?'
라는 생각이 들 정도로 적어두면
몸 상태가 좋지 않을 때 도움이 된다.

몸 상태가 좋을 때는 당연히 할 수 있었던 일도
스트레스가 쌓이면 마음이 심란해져
'다음에 뭘 해야 할지' 혼란스러울 수 있다.

그럴 때 자세한 지침이 안전망이 되어준다.
그저 쓰인 대로 따르기만 하면 어느새 과제를 완수할 수
있다.

이 방법은 '스몰 스텝 *small step*'
또는 '베이비 스텝 *baby step*'이라 불리는 개념에서
출발했다.
어느 목표에 도달하기 위해 설정된 단계가
총 3단뿐이라면 한 단의 높이가 꽤 높아 오르기 힘들다.
하지만 5단이라면 비교적 쉬울 테고,
10단이라면 훨씬 편할 것이다.

높이가 낮은 단을 많이 만들수록
수월하게 목표를 달성할 수 있다.

스몰 스텝은 예민한 사람이 반드시 갖춰야 할 지혜다.
스트레스를 줄이는 기본자세라 해도 과언이 아니다.

이 책에는 TO DO 리스트를 비롯해
'차분히 한 걸음씩 익혀가는' 요령들이 종종 등장한다.

이 요령들의 공통점은 한 단 한 단의 높이를
과감하게 낮추는 것이다.

'(하지 않아도 되니까) 계획을 세우는 데까지 세워보자',
'(기획서를 완성하지 못해도 괜찮으니까) 한 줄이라도 써보자'
라는 식으로 목표를 설정하면 생각보다
쉽게 달성할 수 있다.

이렇게 작게나마 달성 경험을 쌓는 것이 중요하다.
예민한 사람은 덮어놓고 자신을 과소평가하는 경향이
있는데,
스몰 스텝을 실천하면 이런 버릇을 조금씩 고칠 수 있다.

예민한 사람에게는
'필요한 낭비'가 있다

우선순위를 정하는 능력을 키우는 'TO DO 리스트'와
완벽주의를 눌러주는 '세분화 시나리오'를 통해
일상 업무의 효율을 높일 수 있다.
또한 쓸데없는 움직임이 줄어 시간 단축 효과도 있고
피로도 줄어든다.
하지만 습관은 몸에 배기까지 시간이 걸린다.
스몰 스텝 방식은 편하지만 그만큼 익숙해지기까지
시간이 걸린다.

따라서 한두 달 사이에 변할 것이라는
기대는 버려야 한다.

대신 좀처럼 효과가 나타나지 않는 기간을
이용하는 방법을 제안하고 싶다.

이 기간에 자신이 자주 하는 쓸데없는 작업을 검증해보자.
쓸데없는 작업을 줄이고자 함은 아니다.
'쓸데없어 보이기는 하지만, 해도 괜찮지 않을까?'
라는 관점에서 생각해보자.

예민한 사람은 미적인 부분에 집착하는 경향이 있다.
제삼자가 보면 대부분 '뭐라도 상관없는데'라고
생각할 만한 부분이다. 예컨대 문서를 작성할 때
'줄 바꿈' 위치를 어디로 할지 고민하는 행동을
들 수 있다.

'여기서 줄 바꿈을 하면 이 줄만 글자가
튀어나오는데……'
'글자가 너무 빽빽해서 여백이 적어, 보기가 안 좋아……'

이런 생각 때문에 내용에는 문제가 없는데도
몇 글자를 더 넣거나 줄인다.

'쓸데없어 보이기는 하지만,
해도 괜찮지 않을까?'
라는 시점에서 생각해보자.

직장 상사가 보면 "상관없으니까, 그냥 빨리 내!"
라고 한 소리 할지도 모른다.

하지만 정말 쓸데없는 짓일까?

예민한 사람은 쓸데없는 작업을 할 때 동시에
걱정도 시작한다.
'내가 또 쓸데없는 짓을 하는구나.
시간이 더 걸리겠지. 죄송합니다.'
이렇게 마음속으로 누군가에게 용서를 구한다.
하지만 이런 행동은 시간 낭비라는 실체적 손실보다
더 큰 손실을 초래한다.
신경이 쓰여 속으로 끙끙 앓는 일이야말로
예민한 사람에게 가장 큰 스트레스이기 때문이다.

그럴 바에야 차라리 당당하게 쓸데없는 짓을 하는 편이 낫다.
'줄 바꿈 위치가 딱 맞으면 기분이 좋아',
'문서도 디자인이 중요하다고!'
이렇게 나름 명확한 이유가 있으니
이 또한 분명 의미가 있는 일이다.

참고로 나는 손을 자주 씻는 버릇이 있는데,

'손을 씻으면 기분이 상쾌하니까'라는 이유가 있으니

특별히 이상하다고도, 고쳐야겠다고도 생각하지 않는다.

'기분이 상쾌해진다'라는 긍정적인 감각에 눈을 돌려

자기 자신에게 OK 사인을 보내자.

'그러면 시간을 단축할 수 없잖아'라는 걱정이야말로

쓸데없다.

안절부절못하며 신경 쓰느라 받는

'쓸데없는 스트레스'를 없애는 효과는 생각보다 크다.

'내가 또 쓸데없는 짓을 한다'는 생각은 버리고,

처음부터 그 작업을 포함해 업무를 생각하면

머리도 손도 거침없이 움직일 테니

결과적으로 일의 속도도 빨라진다.

어렵지 않다. 그저 계획을 세울 때 자신이

집착하는 부분에 드는 시간도 포함하기만 하면 된다.

정리는 '눈에 보이는 범위만'으로
충분하다

이번에는 오감으로 느끼는 자극을
완화하는 방법에 관해 이야기해보자.

시각적 자극에 약한 사람은
책상이 지저분하면 마음도 복잡해진다.
이런 사람은 책상 위에 불필요한 물건은 두지 않고
'지금 쓰는 물건만' 꺼내둔 상태를 유지해야 한다.

옆자리 동료가 어지르기 대장이라면
파티션이나 수납상자로 시야를 가려보자.
장벽을 높게 세우면 옆에서 물건들을 쌓다 쌓다

결국 무너져 흐트러졌을 때의 피해도 막을 수도 있다.
사무실에서는 이런 식으로 자신의 영역을 지키고
될 수 있는 한 시각 정보를 차단하는 것이 가장
확실한 방법이다.

집도 같은 방법으로 정리해두면 좋은데,
다만 가끔 생각지도 못한 복병이 나타나기도 한다.
예민한 사람 중에는 간혹
'지저분한 상태를 싫어하면서도 정리를 못하는'
사람이 있다.

이런 사람들은
'어지른다 → 심란하다 → 어디부터 정리해야 할지
모르겠다'
라는 스트레스의 악순환을 겪는다.

이때 효과적인 방법이 '보이는 곳만 정리하는' 습관이다.
전체를 깔끔하게 정리할 필요가 없다.
식사할 때는 식탁만,
텔레비전을 볼 때는 텔레비전과 자신 사이만 정리하면 OK!

대충 정리해도 상관없다.
'원래 위치에 돌려놓아야 하는데'라는
부담스러운 생각은 접어두고 등 뒤로 옮겨 놓자.
일단 시야에서 사라지면 자극도 사라진다.
아니면 물건들을 잠시 담아놓을 상자를 준비해서
불필요한 것들은 상자에 넣고 깨끗한 천을 덮어두면
기분이 한결 나아질 것이다.

이 방법 또한 실제 정리보다
'정신적 스트레스'를 먼저 정리하는 작전이다.
'원래는 더 제대로 정리해야 하는데……'라는 생각 대신,
'이걸로 마음이 편해진다면 됐어.
 제대로 된 정리는 언젠가 하면 되지 뭐',
'지금 눈앞이 깨끗하니까 상쾌해!'라고 생각하는 것이
정답이다.
원래 위치에 돌려놓는 일이나 대청소는
한가하고 하고 싶은 마음이 생길 때 해도 늦지 않다.

밖을 걸을 때 쓰는
방어 용품

예민한 사람은 어째서 남들보다 오감이 예민할까?
'Highly Sensitive Person'이란 용어의 창시자인
일레인 아론 박사는
"신경 시스템이 선천적으로 다르다"고 설명한다.

발달장애 환자도 오감이 지나치게 예민한데
뇌 속 편도체에 이상이 있기 때문이라는
학설이 현재 가장 유력하다.
편도체는 아몬드처럼 생긴 작은 기관으로
감정을 관장한다.
사람의 편도체는 외부의 정보를 받아 감정을 생성하며

여기에는 일정한 필터 역할을 하는 부분이 있어
너무 강한 자극은 적당히 낮춰준다.
하지만 발달장애 환자는 이 필터가 제대로 작동하지 않아
자극을 그대로 받는다.

한편 예민한 사람도 오감으로 느끼는 자극이
스트레스가 된다는 점에서 같다.
예민하지 않은 사람에게는 아무렇지도 않은 자극이지만,
그들에게는 상처가 된다.
받는 순간에는 불쾌함을 느끼지 못했더라도
쌓이면 피로가 된다.
이런 자극은 집 밖으로 한 발자국만 나가도
갑자기 물밀듯 몰려온다.
오감을 향해 달려드는 정보의 무리를
해치우기에 예민한 사람의 힘은 미약하기 그지없다.
그러니 이 문제는 단련해서 극복하기보다는
철저하게 '자기방어'로 대처해야 한다.

'시각' 자극은 선글라스를 쓰면 줄일 수 있다.
눈에 들어오는 영상의 대비와 색조를 조금만 낮춰도

인상이 확실히 달라진다.

챙이 달린 야구모자나 모자를 같이 활용하는 것도 좋은
방법이다. 눈에 들어오는 정보를 제한할 수 있고
타인의 시선도 차단할 수 있다.

그리고 '청각' 역시 시각적 자극 이상으로
사람을 피곤하게 만든다.

예민한 사람은 뒤에서 걷는 사람의 발소리만 들려도
'따라오는 것 같다'고 느낀다.

그러니 그들에게 자동차나 오토바이,
슈퍼마켓의 안내방송과 음악, 게임센터의 시끄러운
음향은 거의 흉기에 가깝다.

이런 상황에서는 소음 차단(노이즈 캔슬링) 이어폰을
사용해보면 어떨까?

소음에 해당하는 소리들을 확연히 차단해주기에
한결 편하다.

다만 성능이 너무 뛰어난 이어폰은 주의해야 한다.

자동차 소리까지 차단해버리면 위험할 수 있다.

필요한 정보를 '시끄럽지 않은 수준' 정도로
제어할 수 있는 제품을 고르도록 하자.

또 하나, 출퇴근 지하철은 여러 감각들이
공격당하는 스트레스 공간이다.
소음도 심하고 냄새와 습기도 거슬린다.
심지어 만원 지하철에서는 예민하지 않은 사람도
스트레스를 받기 때문에 주변에 있는 사람들이
전부 불쾌한 상태라는 점도 힘들다.
예민한 사람은 차 안에 가득 찬 스트레스 기운에도
상처를 받는다.
이 상황을 피하는 방법의 하나는
인파가 몰리기 전에 일찍 출근하는 것이다.
도보나 자전거로 출퇴근이 가능한 거리로 이사하거나,
재택근무가 가능한 직장으로 이직하는
과감한 방법도 있다.
스트레스를 줄이기 위해서라면
충분히 가치가 있는 일이라 생각한다.
시야를 넓혀 선택지를 늘려보자.

실제로 도시에 살면서 만성피로에 시달리던 사람이
한적한 교외로 이사하고 나서 몰라보게 평온해진
사례도 있다.

나의 유형을
찾아보자

일단 받은 스트레스는 어떻게 해소할까?
살다 보면 매정한 소리를 듣거나
불합리한 일을 당하기도 하고,
자신의 실패를 자책하며 떨쳐내지 못할 때도 있다.

이처럼 불쾌한 사건과 정보를 맞닥뜨렸을 때
속으로 점점 확대해석하거나
언제까지나 떨쳐내지 못하고 괴로워하지 않을
방법을 실천하자.
다만 이 기술은 '자극을 느끼는 유형'에 따라 다소
차이가 있다.

사람이 자극을 느끼는 유형에는
시각 바탕의 '비주얼 *Visual*',
청각 바탕의 '오디토리 *Auditory*',
행동 바탕의 '키네서틱 *Kinesthetic*'이 있다.

자신이 어떤 유형인지는 대개 말하는 속도를 보면 알 수 있다.

말이 빠른 사람은 비주얼 유형이다.
영상은 짧은 순간에 눈에 들어오기 때문에
얻은 정보를 계속 이야기하려면 말이 빠를 수밖에 없다.

속도가 보통인 사람은 오디토리 유형이다.
모든 자극을 글을 읽는 것처럼 느끼기 때문에
아나운서처럼 너무 빠르지도, 너무 느리지도 않은 것이
특징이다.

마지막으로 말이 느린 사람은 키네서틱 유형이다.
이들은 움직임으로 정보를 받아들이기 때문에
일일이 확인하듯이 천천히 말한다. 꼭 정확할 필요는
없으니 우선 자신이 어떤 유형인지 생각해보자.

유형별 싫어하는 것을
버리는 방법

이번에는 기분 나쁜 경험이나 스트레스를
해소하는 방법을 살펴보자.

비주얼 유형인 사람이라면 머릿속으로
불쾌한 대상이 '멀어져가는' 이미지를 상상해보자.
불쾌한 정보의 기억은 눈앞에 어른거리기 마련이다.
처음에는 영화관 스크린만큼 컸던 이미지가
점점 멀어져서 작아진다고 생각해보자.

눈앞에서 어른거리던 불쾌한 대상이 점점 멀어지면서
텔레비전 크기만큼 작아지고,

계속해서 노트북, 책, 명함, 우표 크기로 작아져서
보이지 않을 만큼 멀리 가버리면 상처도 아물 것이다.

오디토리 유형이라면
'종이에 적어서 버리는 방법'을 추천한다.
　'괴롭다', '지친다'처럼
　그 순간에 느끼는 감정만 적어도 괜찮고
　미운 사람을 향한 트집이나 감정을 글로 옮겨도 좋다.
　손, 컴퓨터, 스마트폰, 무엇이든 상관없으니
　자신에게 맞는 방법을 골라 떠오르는 대로 적고,
　만약 종이에 적었다면 실제로 휙 던져 버리자.
　컴퓨터 화면이라면 휴지통으로 드래그하거나
　그 자리에서 완전히 삭제해버리면 된다.
　동시에 안 좋았던 기분까지 완전히 지워버리자.

키네서틱 유형인 사람은 불쾌한 대상을
'쓰레기로 만들어서 버리는 방법'이 효과적이다.
　불쾌한 정보가 들어왔다면 머릿속에 '쓰레기'라고
　상상하고
　꾸깃꾸깃 뭉쳐서 뒤로 휙 던져 버리자.

나도 자주 사용하는 방법이다.

머릿속으로 상상만 해도 효과가 있지만,
키네스틱 유형인 사람은 뒤로 던져 버리는 동작을
직접 하면 더 효과적이다.
바닥에 떨어진 기억은 절대 다시 떠올리지 말고
그대로 잊어버리자.

효과가 없다면 자신이 생각했던 유형에 국한하지 말고
다른 유형에 해당하는 방법도 시도해보자.
여러 방법을 시도해보는 사이에
상처받지 않는 기술이 서서히 향상될 것이다.

애초에 예민한 사람은 이미지를 떠올리는 일에
소질이 있으니
처음에는 익숙지 않더라도 꾸준히 노력하면 분명
능숙해질 것이다.

●

자극을 느끼는 자신의 유형을 알면
상처받지 않는 방법이 무언지도 알 수 있다.

스트레스를 줄이는
식생활 추천

섬세하거나 지나치게 예민한 사람은
이차적 증상으로 '정신 건강 이상' 증세를 보이기도 한다.
자율신경 기능 이상, 공황장애, 우울증 같은
증상을 말한다.
이런 증상을 예방하거나 증상을 완화하는 방법은 많지만,
예민한 사람에게 강력추천하고 싶은 방법은 '당류 제한'이다.

당류를 섭취하면
혈당치를 낮추기 위해 '인슐린*insulin*'이라는 호르몬이
분비된다. 당류를 과도하게 섭취하면
인슐린이 계속 분비되어

'고인슐린혈증hyperinsulinemia'이 나타나고,
이 상태가 되면 자율신경 기능이 저하된다.

자율신경에는 활동할 때 작용하는 '교감신경'과
휴식을 취할 때 작용하는 '부교감신경'이 있고,
이 둘이 번갈아 가며 활성화한다는 사실은
이미 널리 알려져 있다.
고인슐린혈증에 걸리면
교감신경이 활성화된 상태가 계속 유지되면서
몸과 마음이 항상 긴장 상태가 된다.
당연히 모든 일에 과민하게 반응한다.

또한 공황장애는 혈당치의 잦은 변화로 촉발된다.
당류를 섭취한 직후 혈당치가 올라갔다가
그 후에 점차 떨어지는 사이에 증상이 나타난다는
사실이 밝혀졌다.
그리고 우울증은 뇌의 신경전달물질 중 하나인
도파민의 저하와 관련이 있다.
당류를 섭취하면 도파민의 분비량이 줄고
이 상태로 스트레스가 겹치면 우울감에 빠지기 쉽다.

물론 예민함은 정신질환이 아니기 때문에 치료가
필요하지는 않다.
하지만 예민함 때문에 이차적으로 발생하는
정신 건강 이상과
스트레스에서 오는 일상의 정신적 피로에는
당류 제한이 큰 도움이 된다.

나는 '당류를 끊는' 수준의 철저한 제한 방법을 추천한다.
과자나 과일은 물론, 탄수화물도 절대 금물이다.
밥, 빵, 면류, 콩류도 피해야 한다.
채소도 뿌리채소에는 당류가 많이 함유되어 있으니
주의해야 한다. 다이어트에 도움이 된다고 알려진 우엉도
피해야 할 식품이다.

먹을 수 있는 식품은 잎채소, 붉은 살코기,
어패류, 두부와 치즈다.
조미료 중 소금과 후추, 그리고 포도식초는
당류가 들어 있지 않으니 먹어도 괜찮다.
그리고 의외로 마요네즈는 먹어도 괜찮다.

시험 삼아 한 끼만이라도 이렇게 식사해보자.
앞서 말한 식품으로 도시락을 싸서
점심 때 시도해보면 오후의 나른함이 사라지고
두뇌 회전이 빨라지는 경험을 할 수 있을 것이다.

시도해보고 효과가 있었다면 꼭 계속하길 바란다.
몸 안의 스트레스 내성이 더 강해질 것이다.

사소한 일은 흘려넘기는 습관

PART 2

인간관계의 피곤함을
덜어주는 습관

'친절함'과 '지나친 배려'가
뒤섞이다!?

다른 사람의 마음까지 세심하게 신경 쓰는 친절한 사람.
이 역시 예민한 사람이 보이는 특징이다.

하지만 이런 배려가 항상 충분히 보상받지는 못한다.
마음을 써서 배려했지만 상대에게
"난 별로 상관없는데"라는 말을 듣기도 하고,
반대로 상대가 착 달라붙어 너무 기대는 바람에
부담스러울 때도 있다.

또한 배려하는 마음이 전해지지 않을 때도 있다.
속으로 이런저런 생각만 하다가

결국 행동으로 옮기지 못하고 끝나버리기 때문이다.

예를 들어 지하철에서 자리에 앉아 있을 때
연세가 있으신 할머니가 타셔서
바로 자리를 양보하려 했다고 가정해보자.
하지만 살짝 고개를 들어보니
화장을 꽤 신경 써서 한 세련된 분이라면……
머릿속은 다음과 같은 생각으로 뒤죽박죽이 된다.

'분명 젊어 보이고 싶으실 거야! 양보하면
속상해하실지도 몰라.'
'양보하지 말자. 어쩌면 진짜 젊은 분인지도 몰라.'
'아니야, 손을 보니까 역시 연세는 좀 있으신 것 같아.'
'그럼 불쾌해하시더라도 자리를 양보하는 편이 좋지
않을까?'
'아, 지팡이라도 짚으셨으면 고민 없이 양보했을 텐데.'

그러는 사이에 옆 사람이 벌떡 일어나 자리를 양보하고
할머니는 미소를 지으며 감사를 표한다.
'양보했어야 했어', '앉으셔서 다행이다'라며

안심하면서도

행동하지 못한 자신이 한심해서 견딜 수가 없다.

당신도 비슷한 경험을 한 적이 있지 않은가?

그중에는 비슷한 일을 몇 번 경험하고 난 후에

'상대가 눈치채지 못하게' 양보하는 작전을 쓰는 사람도

있다.

다음 역에서 목적지에 다 온 것처럼 자연스럽게

지하철에서 내리고 할머니가 자리에 앉으시는 모습을

슬쩍 확인한다.

작은 친절 하나 베푸는 데 과정이 참으로 복잡하다.

이렇듯 예민한 사람은 '배려'와 '걱정'을 동시에 한다.

상상력이 너무 풍부한 나머지 행동하지 못하거나,

행동하더라도 너무 앞서가고 만다.

지나친 생각은 서로를 엇갈리게 만들 뿐이다.

그리고 무엇보다 피곤하다.

일반 사람들은 쉽게 할 수 있는 행동도 섬세한

사람들에게는 생각에 생각이 꼬리를 물어 큰일이 된다.

애초에 지하철에서 만난 사람은 완벽한 타인이며
다시 볼 사이도 아니니 혹시라도 민망한 상황이
발생하더라도 크게 신경 쓸 필요가 없다.
하지만 이 사실을 알면서도 냉정하게 처넬 수가 없다.

그래서 섬세한 사람들은
인간관계에서도 냉정하게 '끊어내지 못할 때'가 많다.

이번 장에서는 인간관계에서 스트레스를 받는 원리와
대응법을 알아보자.

'배려'와 '걱정'을 동시에 한다.
지나친 생각은 서로를 엇갈리게 만들 뿐이다.

인간관계의 피곤함을 덜어주는 습관

'남의 일'인데
신경 쓰이는 이유

타인에 대한 지나친 배려로 지쳐버리는 현상에는
또 한 가지 원인이 있다.

바로 섬세한 사람이 가진 특유의 높은 공감 능력이다.

우는 사람을 보면 '저런, 어쩌지' 하고 걱정하고
누가 고민 상담을 해오면 자기 일처럼 감정이입을 한다.
이런 공감 능력이 가장 괴로운 형태로 드러날 때가
분노와 화를 만났을 때다.

화를 내는 사람 옆에 있으면

실제로 가시에 찔리는 것 같다는 사람도 있다.
누군가 고함을 치면 공포심마저 느낀다.
이들은 안 그래도 큰 소리만 들려도 놀라는 성격이다.
그러니 한술 더 떠서 분노가 담긴 목소리라면
말할 것도 없이 심한 두려움을 느낀다.

갑질하는 상사가 동료에게 고함을 치는 모습을 보면
자신이 혼나는 것 같아 안절부절못한다.
심하면 얼굴이 하얗게 질려 쓰러지는 사람도 있다.

혹시 당신도 같은 경험을 한 적이 있다면 한번
생각해보자.

고함을 친 상사는 당신에게 중요한 사람인가?
당신은 짜증스럽게 서류로 책상을 내려치거나,
누군가를 노려보며 혀를 차는 선배를 좋아하는가?

아마도 아닐 것이다.
섬세한 사람은 대체로 공격적인 사람에게
호감을 느끼지 않는다.

그렇다면 좋아하지도 않는 사람이 무슨 짓을 하든
'나랑 무슨 상관이야'라고 생각할 수는 없을까?
섬세함이나 예민함이 평균 수준인 사람은 그런 식으로
생각한다.

그들에게 타인의 분노와 화는
그 사람이(혹은 피해자가) 소중한 존재가 아닌 이상,
즉 관심사가 아닌 한 '강 건너 불구경'일 뿐이다.
'뭐야, 기분이 별로인가 보네. 피하는 게 좋겠군'
정도의 생각이 전부다.

하지만 당신은 분명 그렇게 생각할 리 없으며,
모든 화살이 자신에게 향한 것처럼 느낀다.
어째서 그럴까?
한 가지 이유는 역시나 상상력 때문이다.
'나라면' 하고 한번 상상하기 시작하면
순식간에 마음 전체로 퍼진다.

그리고 또 한 가지 이유는
섬세한 사람들이 주로 가지고 있는 심리적 버릇 탓이다.

바로 '자신을 탓하는' 버릇이다.

혹시 분위기가 안 좋으면 '나 때문인가?' 생각하고,
누군가 위기에 처한 모습을 보면
'내가 뭔가 해야 했던 건 아닐까?' 생각한다.

같은 상황에 놓인 사람이나 수많은 방관자가 있었는데도
자신만 '도울 수 있었는데', '뭔가 할 수 있는 일이
있었을 텐데'라는 생각을 자주 하지 않는가?
이러니 지치는 것도 당연하다.

나 외의 모두를

배려하고 있지 않은가?

조금 심하게 들릴지도 모르지만
예민한 사람의 생각에는 반드시 고쳐야 하는 '편견'이
들어 있다.

모든 사람을 배려하는 당신이
신경 쓰지 않을 수 있는 사람은 누굴까?
당신이 '그 사람은 좀 피해받아도 된다'고 생각하는
사람은 몇 명이나 있을까?

어쩌면 단 한 사람일지도 모른다.

바로 당신 자신이다.

같이 있는 사람이 기분이 안 좋아 보여
어떻게든 웃게 해주려고 노력할 때
상대의 불편한 심기에 상처 입는 당신의 마음은
어째서 돌아보지 않는가?

가라앉은 분위기 속에서 '내 탓인가' 하고 초조해할 때
다른 사람들에게도 똑같이 책임이 있다는 사실을
잊고 있지 않은가?
이는 명백하게 불공평한 일이다.

당신은 자신을 너무 하찮게 취급하고 있다.

섬세해서 쉽게 상처받는 마음을 가진 사람일수록
자기 자신에게는 불친절한, 조금은 옳지 않은 경향을 보인다.

왜 자신에게는 불친절할까?
그 이유는 자기 자신을 과소평가하는,
더 옳지 않은 편견이 자리 잡고 있기 때문이다.

이런 편견은 지금껏 겪었던 실패 경험을
지나치게 심각하게 받아들인 탓에 생긴다.

하지만 사실, 실패라고 할 수조차 없는 일일지도 모른다.
아이들은 누구나 자기도 모르게 무례한 행동을 해서
주변 사람을 곤란하게 만들고, 그러다 혼나기도 한다.
아직 마음이 성장하는 중이고 세상 물정도 모르니
당연한 일이다.

이때 섬세함과 예민함이 평균 수준인 아이라면
토라지거나 툴툴거려도 금세
언제 그랬냐는 듯이 기분이 풀어진다.
하지만 예민한 아이에게는 같은 일이라도 엄청난
사건이다.
어른이 되어서도 똑똑히 기억하며
참회하듯이 말하는 사람도 있다.
하지만 내용 자체를 들어보면 '흔히 있는 일'이다.
지나치게 심각하게 받아들이는 경향이 있는 것이다.

참고로 발달장애 아동의 경험은 정말 가혹하다.

다른 사람의 마음을 살피는 일에 서툰 만큼
상대를 진짜 화나게 만드는 일이 많기 때문이다.
그러다 보니 부모님이나 선생님에게 호되게 혼이 나거나
반 친구들 전체를 적으로 만드는,
즉 '존재 자체를 부정당하는' 상황을 많이 경험한다.
그 결과 어떤 일이 벌어지는가 하면……, 예민해진다.

지나치게 긴장하거나 겁을 내고 집착이 강해지기도 한다.
겪은 경험이 강렬할수록 이런 경향은 더 뚜렷하게
나타난다.

이것이 바로 1장에서 언급한
'스트레스가 증폭시키는 예민함'이다.
존재 자체를 부정당한 스트레스 때문에 긴장하게
되는 원리는 예민한 사람에게도 적용할 수 있다.
실패를 지나치게 심각하게 받아들이는 일은
말하자면 자신을 스스로 부정하는 행위다.

이런 생각을 편견이라 인식하는 일이 문제 해결의 첫걸음이다.

●

왜 자신에게는 불친절할까?
그 이유는 자기 자신을 과소평가하는,
옳지 않은 편견이 자리 잡고 있기 때문이다.

관점을 바꾼다
'인지의 변화'

편견을 고치려면 훈련이 필요하다.
첫 번째로 소개하는 훈련법은 '인지의 변화'다.
쉽게 말해서, 어떤 일을 바라보는 관점에
뿌리박힌 버릇을 고쳐서 편해지는 연습이다.

이 훈련은 '인지행동치료 cognitive behavior therapy'의
한 과정이다.
환자를 대상으로 시행할 때는
생활 리듬을 정돈해서 쾌적한 환경을 만든 다음,
사건을 바라보는 관점에 편견이나 왜곡이 있는지
정기적으로 확인하며 고쳐나간다.

이 책에서 소개하는 방법은
그렇게까지 본격적이지는 않고,
혼자서도 할 수 있는 정도의 방법이다.

제일 먼저 고쳐야 할 버릇은
타인은 배려하면서 자기 자신은 뒷전인 '자기 부정 버릇'이다.
이런 버릇이 생긴 원인을 다른 관점에서 생각해보자.

예를 들어 어릴 적 조용한 식사 자리에서
분위기를 띄워보려고
명랑한 목소리로 재잘거렸다가 아버지가 "시끄럽다"고
호통을 친 일이 있었다고 하자.
쉽게 상처받는 사람은 이런 작은 일에도
'난 참 한심해'라고 생각한다.
그리고 '밝은 목소리로 이야기하면 혼난다'라는
이상한 편견을 가질 수도 있다.

여기서 말하는 이상한 편견이 바로 '인지의 왜곡'이다.
예컨대 '난 참 한심해'라는 생각은 너무 극단적이다.
가족이 모두 입을 꾹 다물고 있으면

기운을 북돋아주고 싶은 것이 인지상정이다.

또한 입을 다물고 있는 부모의 기분을 읽지 못한 것도

아이에게는 (때로는 어른이라도) 당연한 일이다.

더 심한 왜곡은

'밝은 목소리로 이야기하면 혼난다'라는 편견이다.

하나의 경험을 지나치게 확장해

'매번, 어디서나, 반드시 그렇다'고 생각해버리는 것이

왜곡의 전형적인 양상이다.

그리고 전형적인 왜곡의 양상이 또 한 가지 있다.

'자신을 불행하게 만드는 해석'을 한다는 사실이다.

백번 양보해서 '분위기 파악도 못 하고 혼자 들떴으니

내 잘못이다'라고 생각했다고 하자.

하지만 그렇게 생각한다고 마음이 편해질까?

누가 기뻐할까?

자신이 편견에 사로잡혀 있었다는 사실을 깨달았다면

지금까지의 자신에게 '반대의견'을 제기해보자.

'어쩌다 보니 결과가 좋지 않았을 뿐이잖아.'

'좋은 마음에서 한 일이야. 칭찬을 받아야 마땅했어.'

'분명 아버지도 기분이 언짢은 일이 있으셨던 거야.

부부싸움을 하셨는지도 모르지.'

'그렇다고 사정도 모르는 어린아이에게 호통을 치시다니,

엉뚱한 데 화풀이야.'

'60년대 가부장적인 아버지라 표현이 서투르셨겠지.'

이런 식으로 생각해보자.

다만 버릇이 깊게 뿌리박혀 있으면

처음에는 전혀 와닿지 않을 것이다.

그 밖에 다양한 사건들을 돌이켜 보면서

끈기 있게 계속해보길 바란다.

참고로 종이에 적어서 소리 내어 읽어보는 것도

좋은 방법이다.

'AI'라 생각하고
편해지자!

이 방법은 현재 스트레스를 주는 상대에게
응용할 수 있다.
툭하면 짜증을 내는 사람 옆에서
'내가 뭔가 잘못했으니까', '내가 만만하긴 하지' 하고
자신을 부정하는 생각만 했다면 시점을 확 바꿔보자.
이제는 내가 아니라 상대에 관해 상상해보자.

'이 사람, 뭔가 스트레스 받는 일이 있나 보군.'

이렇게 원인을 자신이 아니라 상대에게서 찾는 생각은
자책하는 버릇을 고치는 데 효과적이다.

'저 사람은 바쁜 시기가 되면 늘 아무나에게
화풀이하는구나.'
'저 사람은 경쟁자 ○○ 씨가 요즘 잘나가니까 신경이
곤두서 있군.'

이런 식으로 상대의 상황을 추리해보는 것도
좋은 방법이다.
하지만 상상은 하되 배려는 금물!
'불쌍해', '그런 상황인데 내가 도와주지 못했구나'
이런 생각하기 시작하면 자책하는 버릇이 다시 작동한다.

'그럴 만한 사정이 있다.' → '그러니 내 잘못이 아니다.'

이런 방향의 사고 회로를 가질 수 있도록 노력해보자.

하지만 불같이 화를 내는 사람 앞에서는
생각할 여유조차 없을 때가 허다하다.
예민한 사람은 혼나거나 화를 내는
강한 감정과 마주하는 경험을 가장 꺼린다.

험한 표현에 충격을 받고 마음속으로 실수를 100배쯤
확대해서 공황 상태에 빠지기 쉽다.

이럴 때는 '자신을 AI라고 생각하는 방법'이 효과가 있다.

'만약 내가 AI라면
이 사람을 분석해서 어떤 데이터를 내놓을까?'

이렇게 상상해보자.
상상은 자기 마음 내키는 대로 펼쳐도 상관없다.

"이 사람의 분노가 성대를 진동시킵니다."
"혈관이 돌출되었습니다."
"심박수가 160에 달했습니다."

눈앞에서 펼쳐지는 현상을 기계적으로 입력해서
감정 없이 속으로 중계해보자.
영상이나 음성을 심전도 모니터나
오디오기기의 음량계처럼
측정한다고 상상하면 재미있을 듯하다.

이 방법은 '감정 모드'를 '분석 모드'로 전환하는 기술이다.

사람은 무언가를 분석할 때는 감정 스위치를 끈다.
예컨대 '고양이'를 '귀엽다'라고 생각하며 바라볼 때와
'이 고양이는 잡종이고 수컷이며 꼬리가 쭉 뻗었다'처럼
관찰하면서 바라볼 때의 기분은 전혀 다르다.

마음이 동요하려 하면 분석 모드로 전환해
감정의 파도에 휩쓸리지 않도록 해보자.

마음이 관찰과 분석으로 돌아서면
감정의 파도에
휩쓸리지 않을 수 있다.

타인에게
기대하지 마라

인지의 변화와 동시에 연습했으면 하는 습관이
하나 더 있다.

바로 '타인에게 기대하지 않기'다.

'어차피 남인걸'이라고
냉소적으로 마음을 닫으라는 의미는 아니다.
생각의 정도를 살짝 낮춰서
쉽게 상처받지 않는 마음을 키우자는 뜻이다.

뒤집어 말하면 쉽게 상처받는 현재의 마음은

타인이 해줄 행동을 조금 과하게 예상하는 버릇이
있다는 뜻이기도 하다.

타인의 말과 행동에 상처받는 이유는
'더 괜찮은 말과 행동을 예상'했기 때문이다.

불친절한 점원에게 불쾌함을 느끼는 이유는
친절하게 맞아주길 기대했기 때문이다.

덜렁대는 동료에게 질리는 이유도
꼼꼼하게 행동하면 좋겠다고 생각했기 때문이다.

상대를 배려했는데 마음이 전혀 전해지지 않아서
실망하는 이유 역시,
'신경 써줘서 고마워!'라는 말을 예상했기 때문이다.

이와 같은 '기대 상승 현상'을 고쳐야 한다.

'기대하지 않기'는
'인지의 변화'와 동전의 앞뒷면 같은 관계다.

'인지의 변화'에서는
안 좋은 일이 발생한 원인을 '상대'에게서 찾았다.
반면 이번에는
상처받는 원인이 '내 안'에 있다고 보자.

자신의 사정과 관계없이
외부에서 발생하는 일은 우리가 조정하기 어렵다.
그러니 다른 사람의 생각과 행동을 조정하는 일은
완전히 우리의 능력 밖이다.

이렇게 우리가 조정할 수 없는 부분은
'저 사람이 기분이 안 좋아서 그런 것이니
어쩔 수 없지'라며
상대의 영역으로 던져버리는 편이 합리적이고 편하다.
하지만 '상처받는 일'은 자신의 내면에서 일어나는
현상이며 스스로 바꿀 수 있는 영역이다.
애당초 기대하지 않으면 그만큼 상처받을 위험도
줄어든다.

그렇다면 기대하지 않으려면 어떻게 해야 할까?

역설적으로 들릴지도 모르지만

'하지 않으려는 노력'은 필요 없다.

하지 않으려고 하면 할수록

그렇게 하지 못하는 자기 자신이 눈에 들어올 뿐이다.

그리고 또다시 '역시 나는 안 돼'라는 생각에 빠져버린다.

따라서 노력한다기보다는 '깨닫는' 것만으로 충분하다.

타인의 행동에 '실망이야', '너무해!'라는 생각이 든다면

그때마다 '아, 내가 또 기대했구나'라는

생각을 하기만 하면 된다.

바꾸려고 하지 말고 그저 담담하게 받아들여 보자.

앞서 언급한 '분석 모드'를 활용해

자신의 기대치를 곡선 그래프가 상승하는 이미지로

머릿속에 그려보는 것도 좋은 방법이다.

이렇게 기대와 실제가 어긋나는 부분을 인식하면

쉽게 상처받는 마음을 더 편안하게 만들 수 있다.

기대를 버리면
적극적으로 변한다!?

'타인에게 기대하지 않기'라는 말에
소극적인 모습을 떠올리는 사람이 많을 것이다.

하지만 실제로 효과는 정반대다.

기대하지 않는 습관이 자리 잡으면
적극적인 사고를 겸비하게 된다.

내게도 일을 할 때 이 습관이 많은 도움이 된다.
내가 지금까지 지켜봐 온 자폐아들은
어디로 튈지 모르는 고무공과 같아서

기대를 하면 몸이 버텨내질 못한다.

또한 암 같은 신체적 질병도 진찰하는데,

경과에 일희일비하다 보면 역시나 정신적 소모가 크다.

그래서 내 실력에도, 환자에게도 큰 기대를 하지 않는다.

얼마 전에도 지도한 대로 식사를 했다면

분명 좋아졌어야 할 환자의 수치가

어째서인지 나빠진 일이 있었다.

원인은 환자가 지난번에 수치가 좋아져서 축하의 의미로

섭취 금지 식품을 먹은 탓이었다.

이런 상황에서도 나는

"그래서 저번에 분명히 안 된다고 했잖아요!"

같은 소리는 하지 않는다.

그 대신 이런 식으로 생각한다.

'식사요법은 본인에게 맡겨두면 한계가 있다.'

'관리할 수 있는 시스템을 생각해봐야겠다.'

'매일 식단 사진을 찍어 보내라고 할까?'

이렇게 기대를 버리면 앞으로의 대책이 보이기 시작한다.

이는 가족과 파트너처럼 가까운 상대에게도 마찬가지다.
소중한 사람일수록 개인적인 바람을 강요해서는 안 된다.

아이를 키우는 사람은
자녀가 생각대로 되지 않는 일이 '당연하다'고
생각해야 한다.
아이의 성격과 능력 그대로, 있는 그대로 받아들이면
대책이 보인다.
부끄러움이 많은 아이는 부끄러움이 많은 대로,
까칠한 아이는 까칠한 대로,
특성을 바꾸려 하지 않고
'어떻게 하면 문제를 해결할 수 있을까?' 생각하며
대책을 세워보자.

기대하면 기대한 대로
움직여주지 않는 상대에게 '변화'를 바라게 된다.
하지만 상대는 변하지 않을 테니
어긋난 기대는 분노와 실망으로 변한다.
하지만 기대를 접고 상대를 바꾸려고 하지 않으면
'어떻게 하면 좋을지' 대책을 세울 수 있다.

참고로 나의 지인은 아내가 자꾸만 컵을 깨는 문제의
해결책을 생각 중이다.
지인의 아내는 설거지할 때 동작이 지나치게 거칠어서
식기 건조대에 쨍! 하는 소리가 나게 내려놓는다고 한다.
고가의 앤티크풍 컵이라도 힘을 빼는 법이 없다.
그래서 이 지인의 집에서는
이가 나가고 금이 가는 컵이 계속 나온다.

이 피해를 줄이려면 어떻게 해야 할까?

가장 쉬운 방법은 남편이 설거지를 도맡아 하면 된다.
아니면 깨져도 상관없는 컵만 사용하거나,
식기세척기를 사는 방법도 생각해볼 수 있다.
발상을 좀 더 넓혀보면
'깨지지 않는 컵'을 사용하는 방법도 재밌을 것 같다.
플라스틱 컵은 멋이 없으니
디자인과 기능을 모두 갖춘 소재가 있다면 금상첨화겠다.

그런 소재가 없다면 이참에 개발해보면 어떨까?
그 분야의 지식과 기술을 가진 사람을 소개받아

●

기대를 접고 상대를 바꾸려고 하지 않으면
'어떻게 하면 좋을지' 대책을 세울 수 있다.

사업으로 발전시켜 본다면……?

생각이 여기까지 미치면

이제는 아이디어 게임이나 다름없다.

문제 해결이 즐거워지기 시작한다.

"그렇게 놓으니까 깨지지!"라며

부인에게 잔소리하는 것보다 훨씬 행복하지 않을까?

생각이 유연해지면서 뇌의 활성화에 한몫할지도 모른다.

상대의
'자기중요감'을 채우자

다음으로 상처받지 않도록 단단히 준비하며
타인과 자연스럽게 소통하는 지혜도 익혀보자.

섬세한 사람은 이미 다른 사람을
배려하는 습관이 몸에 배어 있다.
하지만 이는 어디까지나 '감정'에 바탕을 둔 습관이다.
이번에는 '분석'을 바탕으로 한 기술도 익혀보자.

다시 말하면
'상대의 자기중요감을 채우는 기술'이다.

자기중요감이란 자신이 소중한 존재라고 느끼는
감정을 말한다.

내 말에 동의한다, 나를 인정한다, 나를 이해한다,
나를 원한다, 내게 의지한다,
이런 반응은 모두 '당신은 중요한 존재입니다'라는
말과 같다.

누구나 이런 존재가 되고 싶어 한다.
따라서 자기중요감을 채워주는 상대를 좋아하고
소중히 대할 수밖에 없다.

즉, 상대의 자기중요감을 채워주면 상대에게 존중받을 수 있다.
그리고 이런 관계를 늘려가면
'모두에게 사랑받는 사람'이 될 수 있다.

그럼 구체적으로 어떻게 다가가면 좋을까?

첫 단계는 오래전부터 모든 사람이 실천하고 있는
방법이다.

바로 '상대의 이야기를 들어주는 소통'이다.
상대의 말을 가로막지 않고, 부정하지도 않고,
생각을 강요하지 않으며 공감하면서 듣는다.

예민한 사람에게는 이미 익숙한 습관일 것이다.
하지만 그다음은 분석을 바탕으로 한
특별한 시점이 필요하다.

이 사람은 내가 무슨 행동을 하면 존중받는다고 느낄까?
어떤 부분을 어떤 말로 칭찬하면 기뻐할까?

상대를 한 사람 한 사람 관찰하고 분석해서
포인트를 잡아내야 한다.
지금까지 등장한 '분석 기술'을 잘 익혔다면
이미 기초체력은 갖추고 있을 테니
분명 자연스럽게 습득할 수 있을 것이다.

이는 지금까지 해왔던 배려와는 차원이 다르다.
배려심이 많은 사람일수록 이런 분석적 접근법을
'상대를 조종하는 것 같아 꺼림칙하다'고
생각할 수도 있다.
하지만 상대가 무엇을 원하는지 파악해서 대응하는 것도
분명 훌륭한 배려다.
게다가 '적절한지, 아닌지', '좋아할지, 싫어할지'와 같이

감성적인 부분을 앞세우며 다가갈 때보다
누구에게나 잘 맞는 소통이 가능하다.

그렇게 상대가 당신을 신뢰하게 되면
상대는 자신의 장점을 전면에 내세우며 다가온다.
즉 멀리하고 싶었던 사람조차 꽤 괜찮은 사람으로 변한다.

그렇게 되면 당신도 상대를 좋아할 수 있다.
'타인에게 휘둘려 지쳐버리는 배려'로
에너지를 소모하는 사람일수록
'상대와 가까워져서 내가 편한 배려'를 시작해야 한다.
다음 챕터에서 좀 더 자세한 방법을 이야기해보자.

상대를 파악하는 데 도움되는
'인간의 세 가지 유형'

'인간의 세 가지 유형'이 분석을 도와줄 기준이 된다.

사람의 개성은

- 인격*personality* 중시 유형
- 능력*performance* 중시 유형
- 지위*brand* 중시 유형

으로 나눌 수 있다.

세 유형의 사람은 서로 가치관이 크게 다르다.
무엇을 좋아하고 무엇을 원하며,
무슨 말을 하면 마음을 여는지도 3인 3색이다.

따라서 신중히 파악해서 적절한 소통을 해야 한다.

다음에서 각 유형에 해당하는 사람의 특징을 소개하겠다.

1. 인격 중시 유형

▶ 사람을 볼 때 능력과 배경보다 '인성'을 중시한다.

▶ 물건을 볼 때도 품질을 중시하며 정품을 선호한다.

▶ 신뢰, 인맥, 애정과 같이 눈에 보이지 않는 부분에
가치를 둔다. 고가의 물건을 살 때는 '이 사람에게
사고 싶다'는 생각이 강한 동기가 된다.

2. 능력 중시 유형

▶ 시간 낭비 없이 빨리 결과를 내려 한다. 가성비를
중요시하고 모든 일을 수치로 환산하며, '이거다' 싶은
일에는 돈과 시간을 아낌없이 투자한다.

▶ 눈에 보이는 물건과 재산을 중요하게 생각하고 이를
불리는 것이 목표다.

▶ 경쟁자와 함께 자기 자신을 갈고닦으며 실적과 성과를
높이는 데 열을 올리는 유형이다.

3. 지위 중시 유형

▶ 권력, 권위, 자격에서 가치를 찾으며, 큰 조직과 높은
  지위를 원한다.

▶ 칭찬받는 것을 매우 좋아하며 사람들 앞에서 칭찬을
  받으면 더 기뻐한다.

▶ 속박을 싫어하고 자신의 관리하에 두고 권력을
  휘두르고 싶어 한다.

▶ 한편, 매우 불안해하며 안심할 수 없는 상황에서는
  평정심을 잃기도 한다.

인간관계의 피곤함을 덜어주는 습관

세 가지 유형의
구분법

앞서 설명한 세 가지 유형의 개성은
보통 표면에 드러나지 않아 알기 어렵다.

실제로는 권위적인 지위 *brand* 중시 유형이면서
"나는 그런 사람이 아니다"라며
인격 *personality* 중시 유형인 것처럼 행동하는
경우가 드물지 않다.
게다가 어느 한 가지 유형이 아니라
복합적인 특징을 보이는 사람도 종종 볼 수 있다.

누구나 많든 적든 겉과 속이 다른 면을 가지고 있으며,

이런 행동은 일반적으로 무의식중에 일어나기 때문에
자신이 어떤 유형인지 모르는 사람도 많다.

하지만 평상시 행동과 말투를 보면 어느 정도 구분할 수
있다.

유형별로 말과 행동에서 보이는 특징을 살펴보자.

1. 인격 중시 유형

▶ 싸움을 싫어하고 기본적으로 상냥하고 온화하며,
  늘 주변 사람을 챙긴다.

▶ 모두가 하기 싫어하는 일에 자진해서 나설 때가 많다.

▶ 반면 신념에 반하는 일은 절대 용납하지 않는다.

▶ 충분히 이해되어야 일을 시작할 수 있어 시작이
  느리다.

2. 능력 중시 유형

▶ 상대의 눈을 똑바로 보고 진지하게 이야기한다.
  말투가 명쾌하며 군더더기가 없고,
  가끔은 하기 어려운 말도 서슴없이 내뱉어 정곡을
  찌른다.

▶ 일을 열심히 하고, 일하고 나서 결과를 내지 못하면

만족하지 못한다.

▶ 번 돈을 낭비하지 않고 효율적으로 쓰며,
자신에게 투자하는 일에 아끼지 않는다.

3. 지위 중시 유형

▶ 손동작, 몸동작이 크다. 칭찬을 받으면 매우 기뻐한다.

▶ 관심 있는 분야는 열정적으로 이야기하지만,
다른 사람이 길게 이야기하는 것은 싫어한다.

▶ 귀찮은 일을 싫어한다. 의미와 가치를 느끼지 못하면
일을 대충대충 한다.

▶ 모든 일이 자신을 중심으로 돌아가길 원하며,
도중에 말을 자르면 매우 싫어한다.

세 가지 유형의
자기중요감을 채우려면

주변 사람들을 유심히 살펴보고
'이 사람은 ○○ 유형인 것 같다' 하는 판단이 선다면
그 사람의 자기중요감을 채워주는 방식으로 소통해보자.

어떻게 하면 각 유형의 자기 만족감을 채울 수 있는지
파악해서 '기뻐할 일은 하고', '싫어할 일은 하지 않도록'
철저히 신경 쓰면 된다.

1. 인격 중시 유형

▶ 인성에 대한 칭찬이 가장 좋다. "이렇게
　배려해주시다니 정말 감사합니다"라는 말을 온화한

말투로 건네면 거리를 좁힐 수 있다.

▶ 이야기를 듣고 공감한다. 이 유형의 사람은 '자신의 마음을 알아주는 사람'을 매우 신뢰한다. 반대로 불친절한 사람은 신뢰하지 않으니 당사자뿐만 아니라 주변 사람들에게도 성실한 태도를 보여야 한다.

▶ 상대방이 일을 맡기고 싶은 후배나 부하직원이라면 반드시 그 일의 의의를 이해할 수 있도록 설명해야 한다. 이치에 맞지 않는 일, 옳지 않은 일을 강요하면 신뢰 관계가 무너진다.

2. 능력 중시 유형

▶ 이 유형의 사람과 대화할 때는 무엇보다 명확해야 한다. 일과 관계없는 이야기를 할 때도 우선 결론부터 말하고 그 뒤에 이유와 배경을 간략하게 설명하는 비즈니스 화법을 쓰면 이야기가 술술 풀린다.

▶ 칭찬할 때는 '능력 있는 사람'이라는 점을 강조하는 것이 요령이다. 좋은 결과를 냈을 때는 그냥 넘어가지 말고 반드시 언급해야 한다. 하지만 형식적이거나 입에 발린 소리는 뭔가 꿍꿍이가 있다고 생각할 수 있으니 주의하라. "얼마 전에 진행해준 ○○이벤트로

벌써 효과가 나타나네요"와 같이 사실을 짚어 말하는
방법이 효과적이다.

3. 지위 중시 유형

▶ 가장 좋은 소통 방법은 칭찬이다. 사람들 앞에서
 칭찬하면 더 좋다. "못하는 게 없으시네요", "이런 건
 처음 봐요"와 같이 특별함을 강조하는 말을 건네면
 상대에게도 내가 특별한 존재가 된다.

▶ 일을 부탁할 때는 행동력과 활력을 활용할 수 있는
 일이 잘 맞는다. 일단 맡겼으면 마음대로 할 수 있도록
 해줘야 한다.

▶ 반대로 부탁을 받았을 때는 일을 바로 처리해야 한다.
 혹시 할 수 없다면 바로 거절해야 한다.

지금까지 설명한 소통법을
우선은 마음이 잘 맞는 지인이나 가까운 관계인 사람,
즉 '좋아하는 사람'에게 적용해보자.

　　좋아하는 상대가 기뻐한다면 계속하고 싶은 마음이
　　생길 것이다.

　　성공했다면 그다음부터 조금씩 난이도를 올려보자.

이번에는 사이가 좋지도 나쁘지도 않은 지인,
업무 외에는 대화해본 적 없는 동료, 살짝 무서운 선배,
나아가 껄끄러운 사람에게도 도전해보자.
그들과의 관계가 지금까지와는 크게 달라질 것이다.

대화의 긴장을 풀어주는
'3번 카메라' 연습

상대를 분석하는 일만큼
자기 자신을 아는 일 또한 중요하다.

감성이 풍부한 사람 중에는
이런저런 일에 마음이 흔들리다 보니
자신을 찬찬히 들여다볼 기회를 얻지 못한 채
살아온 사람이 종종 보인다.

예민한 사람에게 이런 말을 하면
대부분 "아니에요. 저는 제 자신을 자주 돌아보는걸요"
라고 대답하지만, 그 내용을 들어보면

늘 하던 자책과 다르지 않을 때가 많다.

'좀 전에 ○○ 씨 표정이 좀 화난 것 같았는데.'
'내 말투가 거슬렸나?'
'신경 쓴다고 쓰는데도 이 모양이니, 난 역시 안 돼.'

이렇게 후회와 의문이 뒤섞인 채로 돌이켜 생각하니
자기 인식이 한쪽으로 기우는 경우가 많다.
결국 적절한 대응을 하지 못하고
비슷한 실수를 반복할 수도 있다.

에너지만 소모하고 해결을 못 한다면
너무나 안타까운 일이다.
따라서 이번에는 동요하지 않고
상황을 관찰하는 연습을 해보자.
이른바 '3번 카메라' 연습. 세 번째 카메라라는 의미다.

1번 카메라는 상대를 비추는 카메라다.
이 카메라는 내가 보는 상대의 모습만을 찍는다.
'이 사람 정말 너무하네', '이분 멋지다' 등의 시선으로 상대를 본다.

2번 카메라는 자신을 비추는 카메라다.

이 카메라는 자신을 클로즈업하고 있다.

상대의 반응이나 사정은 고려하지 않고

'나는 훌륭해, 나는 최선을 다하고 있어, 나는 참 불쌍해'와

같은 생각만 가득하다면

그는 2번 카메라만 사용하는 사람이다.

많은 사람이 1번 카메라와 2번 카메라만 사용하며

소통을 하지만, 여기에 제3의 시선을 집어넣으면 상황이

180도 달라진다.

3번 카메라는 자신과 상대를 동시에 비추는 카메라다.

나는 이 방법을 치료 교육사를 지도하는 수업에서

사용했다.

먼저 교육생과 치료 교육 대상 아동의 대화를

비디오로 촬영한다.

그다음 촬영한 영상을 보여주며

"이 부분에서 아이의 시선을 확인해봅시다"라는 식으로

피드백을 준다.
자신과 상대의 모습이 둘 다 찍힌 영상을 보면
개선점이 명확히 보여서 교육 효과가 훨씬 좋다.

이와 같은 방법으로
다른 사람을 만날 때는 상대와 자신,
두 사람이 찍힌 영상을 상상하면서 이야기해보자.
각도는 위에서 내려다보든, 옆에서 지켜보든 상관없다.

처음에는 머릿속으로 상상하는 일이
쉽지 않을 수도 있으니,
우선 스마트폰으로 가족이나 친한 친구와
대화하는 장면을 직접 찍어보자.
셀프 촬영으로 평소 자신의 모습을 관찰하는 일은
상당히 의미 있는 일이다.
표정, 몸짓, 목소리, 말투 등
지금까지 깨닫지 못했던 자신의 모습을 볼 수 있다.
익숙해지면 촬영을 하지 않아도
언제든지 3번 카메라를 사용할 수 있을 것이다.

'나는 긴장해서 말을 잘하지 못했지만
상대는 즐거워 보이니 괜찮겠지?'
'상대가 화가 난 이유는 내 태도나 말 때문이 아니구나.'
'어색한 상대였는데 그래도 나 꽤 잘 받아주고 있었네.'
이렇게 항상 두 사람을 비추게 된다.

그리고 여기서 발견한 자신의 문제점은
바로 고치지 못해도 괜찮다.
우선은 깨닫는 것이 중요하다.
깨달았다면 조금씩 그 부분을 의식하면서 천천히
고쳐가면 된다.

기분이 그대로 드러나는 사람, 험담꾼……,
'대하기 힘든 사람' 대응법

이렇게 기술을 단련하다 보면
잘못은 상대가 했는데 자신을 탓하는 버릇이 점점
사라진다.
하지만 여전히 대하기 힘든 사람과 같이 있어야 하면
우울해지는 법이다. 이럴 때 스트레스를 받지 않고
상대하는 방법을 알아보자.

예민한 사람은 상대의 불쾌감을
누구보다 먼저 알아채고는 안절부절못한다.
그럴 때는 이렇게 해보자.

그냥 내버려둬라.

밑도 끝도 없는 처방에 황당하겠지만 가장 좋은 방법이다.

무슨 일이 있었는지는 모르지만,
자신의 기분이 안 좋다고 상관없는 사람 앞에서
표정을 구기고 있다면 어른으로서 하자가 있는 사람이다.
이런 응석받이는 절대 비위를 맞춰줘서는 안 된다.
슈퍼마켓에서 "이거 사줘~" 하며 아이가 소란을 피우면
주변 사람 보기 민망해서 무조건 사주고
조용히 시키는 부모가 있다.
하지만 이런 대응은 아이에게 '떼를 쓰면 사주는구나'라는
잘못된 인식을 학습시킨다.

마찬가지로 떼를 쓰는 어른에게도
'이것이 올바른 부모의 마음'이라 생각하며
그냥 내버려두자.

"괜찮아요?"라고 묻지 말자.
"무슨 일이에요?"라는 말도,

정말 잘못한 것이 아니라면 "죄송해요"라는 말도 금물이다.

용건이 있을 때만 이야기하고 챙겨줄 필요 없다.

그러면 그가 일시적으로 더 못나게 굴 수 있지만,

꿋꿋하게 모른 척하면

적어도 당신에게만은 어른스러워진다.

또한 표정을 구기고 있는 사람 못지않게 대하기 힘든 사람이

끊임없이 불평불만을 말하는 사람이다.

이런 사람은 친절하게 잘 들어주는 사람에게

잘 들러붙는 경향이 있다.

이럴 때는 진지하게 귀를 기울여줘서는 안 된다.

사실 상대는 "어떻게 하면 좋을까?"라며 묻기는 하지만,

진심으로 대답을 기대하지는 않는다.

어차피 조언해도 실천할 리 없고,

어째서인지 조언해준 당신에게 오히려

"넌 이해 못 해"라며 화를 내기도 한다.

이런 사람에게는 제일 편한 소통법을 써보자.

바로 '반복 기술'이다.

"~해서 괴로워." → "괴롭구나."

"~해서 곤란해." → "곤란하겠네."

이렇게 그대로 반복하면

상대는 당신이 자신의 마음을 이해한다고 느낀다.

다만 누군가의 험담을 하며

"너무하지 않아?"라고 물을 때

"너무하네"라고 대답하면 당신까지 말려들 수 있으니

주의해야 한다.

"그랬구나" 정도에서 맞장구를 쳐주며

자리를 피하는 것이 상책이다.

'거짓으로라도 둘러대고 자리를 뜨는 방법'이 가장 좋다.

그렇다고 죄책감을 느낄 필요는 전혀 없다.

아니면 "오늘은 ○시에 가야 해"라며

시간을 정해놓는 방법도 좋다.

그래도 스트레스가 풀리지 않는 사람이라면

정말 당신과 맞지 않는 사람이니 만나지 않는 것이 좋다.

혹시 '중요한 상대라 들어주고 싶은데

너무 심각한 이야기라 감정이 소진될 것 같다'고

느껴지면

그때는 앞서 언급한 '3번 카메라' 기술이 효과적이다.

이 기술은 대화의 내용을 정리하고 파악하는 데도

도움이 된다.

"그러니까 ~라는 말이지?"라고 들은 이야기를

정리해서 대답하기만 해도 상대가 만족한다.

대하기 힘든 사람에 관한 최선의 처방은
그냥 내버려두기이다.

상담받고 싶지만
할 수 없는 이유

다른 사람의 고민은 잘 들어주지만,
막상 자신은 고민을 털어놓지 못하는 것도
예민한 사람들이 많이 안고 있는 문제다.
그들이 망설이는 이유는 크게 나눠서 두 가지다.

하나는 '내 스트레스를 다른 사람과 나누는 건 미안하다'고
생각하기 때문이다.

다른 하나는 '노출 exposure 불안' 때문이다.
사람은 평소에 보이지 않던 부분을
타인에게 보이게 되면 크든 작든 긴장하고 불안해진다.

예민한 사람은 특히 이런 경향이 강하다.

이 두 가지 이유에는 공통된 심리가 작용한다.
'내가 어떻게 보일까?'를 불안해한다는 점이다.

'심각한 이야기라 부담스러워할지도 몰라',
'이런 하찮은 일로 고민한다고 나약한 인간으로
볼 수도 있어',
'비밀을 털어놨다가 나를 다르게 보면 어쩌지'
등등.

해결책은 뭘까?
가장 효과적인 방법은 이미 알고 있는
'타인에게 기대하지 않기'다.

타인은 설령 가까운 사이라 해도
사실 당신의 고민에 별로 관심이 없다.
일부러 더 냉정하게 말하지만,
고민의 내용이나 그 일로 고민하는 당신의 상황은
사실 상대에게는 어찌 되든 상관없는 일이다.

함께 고민해주거나 때로는 충격을 받아 같이 울어도,
반대로 '나약한 사람이네'라며 비판적으로 보거나
'이야기가 너무 길다'며 지루해하더라도,
그 일이 영원히 마음속에 남지는 않는다.

상대는 고민을 들어주고 집에 돌아가면
다음 날부터 다시 그 사람의 인생을 산다.
관심사가 계속 바뀌면서 자연스럽게 기억이 희미해진다.
그러니 상대가 보이는 관심을 과대평가하지 말고
편하게 생각하자.

그래도 걱정이 된다면 '상담의 목적'을 명확하게 하자.

1. 들어주기만 해도 좋다.
2. 조언해주었으면 좋겠다.

어느 쪽인지 정하고 먼저 밝히면
상대도 마음의 준비를 할 수 있어
자연스럽게 대화를 이어갈 수 있다.

목적을 정하면
사전에 '상담할 가치가 있는 이야기인가?'를
공정하게 판단할 때 도움이 된다.
아무리 작은 고민이라도 혼자 끌어안고 괴로워하다가
생활에 지장을 초래할 바에야
누군가에게 털어놓는 일이 더 가치 있다.
혼자 아무리 고민해도 답을 찾을 수 없는
상황까지 몰렸다면 조언을 구해볼 만한 가치가 있다.

뒤집어 말하면 그 정도까지 심각하지 않은 고민은
상담할 필요가 없다는 말이 된다.
머릿속이 복잡할 때일수록
생각의 교통정리를 통해 시야를 확보해야 한다.

그리고 또 한 가지 중요한 사실이 있다.

인간은 생각보다 누군가 고민을 털어놓으면
기뻐하는 존재다. 이는 자신이
신뢰할 수 있는 존재라는 표시이며,
기댈 수 있는 사람이라는 증거이기 때문이다.

'민폐일지도 모른다'는 생각은 접어두고
*1*인지 *2*인지 선별해서
적합한 상대에게 고민을 털어놓아 보자.
그리고 언젠가 그 상대가 당신에게
상담을 청하면 똑같이 들어주는 것으로 충분하다.

많은 사람과
사귀려 하지 않는다

'나를 어떻게 생각할까?'
불안한 사람은 종종 고정관념에 얽매인다.

옷은 항상 단정해야 한다, 타인에게 친절해야 한다, 항상
긍정적이어야 한다, 현관은 자주 청소해야 한다, 책은
꼼꼼히 읽어야 한다, 기본 영어회화 정도는 할 수 있어야
한다, 집안일도 회사일도 완벽하게 처리해야 한다, 식사는
직접 만들어야 한다, 식품첨가물은 사용하지 않는다,
육수에 합성조미료를 쓰지 말아야 한다……
당신도 다양한 '고정관념'에 얽매여 있지 않은가?

실제로 지키는가 아닌가는 중요하지 않다.

지키지 못하는 자신의 행동이 신경 쓰인다면

당신은 이미 '고정관념에 얽매인 사고'를 하고 있다.

물론 사회인으로서 최소한의 양식은 필요하지만

섬세한 사람 특유의 자책 모드가

각종 영역에서 24시간 작동하면 버텨내기 힘들다.

한 가지 예로

인간관계 영역에서는 '친구가 많아야 한다'는 생각이

부담으로 작용한다. 이미 일반적인 사회 상식처럼

되어버리기는 했지만, 정말 친구가 적으면 안 되는 걸까?

만약 당신이 내성적인 성격이라면

절대 죄책감을 가질 필요 없다.

또한 맞지 않는 사람과 억지로 관계를 유지할 필요도

없다.

예민한 사람에게는

넓고 얕은 인간관계보다 좁고 깊은 관계가 잘 맞는다.

　　같이 있으면 편한 사람, 신뢰할 수 있는 사람,

　　소중한 사람, 나를 아껴주는 사람, 가치관이 비슷한 사람,

아니면 가치관은 다르지만

신선한 발상을 하게 만드는 사람.

기준은 여러 가지지만,

결국 '내가 좋아하는 사람'이라는 점이 중요하다.

당신이 '편히' 지낼 수 있다면 그것이 최고의 교우관계다.

참고로 지금까지 소개한

그 어떤 습관과 마음가짐을 가지고도

노서히 안 맞는 사람이 있다.

그런 사람과의 관계를 유지하려고

억지로 무리할 필요 없다.

'그건 다음 생으로 미루자'라는 생각으로

홀가분하게 흘려버리면 그만이다.

내가 좋아하는 사람과
'편히' 지내는 것만으로
최고의 인간관계다.

인간관계의 피곤함을 덜어주는 습관

특효!

릴랙스 체조

'인지의 변화', '기대하지 않기',
'상대의 자기중요감 채워주기'가 습관이 되면
타인에 대한 스트레스는 크게 줄어든다.
하지만 습관이 자리 잡기 전이나
실천하고는 있지만 갑자기 긴장이 엄습할 때는
몸의 긴장을 풀어주어야 한다.

간단한 체조로도 상반신의 긴장을 풀 수 있다.
1~2분 정도로 효과가 바로 나타난다.
공간이 조금 필요하기는 하지만, 꼭 시도해보기를 바란다.

상반신 릴랙스 체조

1. 다리를 어깨너비로 벌리고 중심을 발뒤꿈치에 놓는다.
(약간 몸의 뒤쪽에 체중을 싣는다)

2. 허리를 구부려 상반신을 앞으로 축 늘어뜨린다.
(상반신은 목에서 머리, 어깨, 팔꿈치, 손목, 손끝까지 완전히 힘을
뺀다)

3. 그대로 허리 위쪽 상반신을 앞뒤 좌우로 흔들며
힘을 완전히 뺀다. (모든 부위의 힘을 빼고 흔든다) 30초에서
1분 정도 계속한다.

4. 충분히 힘을 빼고 흔든 다음에 발꿈치에 놓았던 중심을
조금씩 앞으로 옮기면서 조금씩 상반신을 들어 올린다.

5. 허리뼈를 밑에서부터 하나씩 위로 올리는 느낌으로
허리에서 등을 밑에서부터 위로 서서히 똑바로 세우고,
마지막으로 목까지 올려 똑바로 선다.

이 체조는 원래 발성을 가다듬기 위해 고안한 방법이다.

전신의 긴장을 풀어줄 뿐 아니라
한 번으로 목소리가 확 변할 만큼 효과가 좋다.

가슴부위의 긴장이 풀어지면
목소리가 잘 울리기 때문에
큰 소리로 말하지 않아도 내용이 전해진다.
또한 명확한 목소리로 이야기하면
상대의 몸도 공명하기 때문에 하고 싶은 말을
확실하게 전달할 수 있다.
그리고 무엇보다 상반신의 긴장이 풀어져
마음이 평온해진다.

긴장되는 면담이나 발표 전에는 물론,
너무 긴장하고 있다고 느껴질 때
혼자 있는 틈을 이용해 실천해보자.

PART 3

나에게
너그러워지는 습관

자신에 대한
지적을 멈추는 간단한 방법

'나는 왜 이렇게 쉽게 상처받을까?'
'고작 이만한 일에 벌써 지치다니, 역시 난 안 돼.'
'뭐든 그냥 넘기질 못해, 정말 한심해.'

예민한 사람들은 종종 이런 식으로 자기비판을 한다.
안 그래도 쉽게 상처받으면서 자기 자신에게는 매우
엄격하다.
사실 이런 점이야말로 가장 고쳐야 할 버릇이다.
그래서 이번 장에서는 자기 자신을
제대로 평가하고 아끼는 방법에 관해 이야기해보겠다.

자기 자신을 '제대로 평가한다'는 말은 어떤 의미일까?

자신에게는 엄격한 잣대를 들이대면 되는 걸까?

아니다, 그건 단지 스스로를 너무 낮게

평가하는 것에 불과하다.

그렇다면 어째서 자신을 낮게 평가하고

더 엄격하게 굴까?

바로 자신에게 거는 기대 때문이다.

2장에서 '타인에게 기대하지 말자'는 이야기를 했었다.

자신에게 거는 기대도

타인에게 거는 기대와 같은 구조를 가진 심리다.

자신을 탓하는 이유는

자신이 더 멋있는 사람이기를 기대했기 때문이다.

흔들리지 않는 대범함을 가진 나, 기분 나쁜 일이 있어도

훌훌 털어버릴 수 있는 나, 무서운 상대 앞에서도 기죽지

않는 나, 떠올리는 모습은 제각각일 것이다. 그리고

'실제로는 그렇지 못한 나'에게 실망한다.

자신의 이상적인 모습을 그려놓고

그 모습과 일치하지 않아 상처받을 바에야

처음부터 기대하지 않는 것이 가장 좋은 방법 아닐까?

그렇다고 해서 '나 따윈 어차피 이정도야'라는 식으로

생각하자는 말이 아니다.

이 부분에서 오해가 생길 수 있으니 주의하자.

자신의 모습이 반드시 상상한 그대로의 모습일 것

이라는 기대를 버리자는 의미다.

지금 당장은 내가 기대했던 모습과 달라도

'당연히 상상과 같을 수는 없다'고 한 단계 낮춰

받아들여 보자.

비굴해지자는 말이 아니라 편해지자는 말이다.

그 누구(당신이 동경하는 사람조차)도

자신이 항상 꿈꿔온 모습 그대로라고 말하지 못한다.

오히려 일류라는 평가를 받는 사람일수록

'더 이상향에 가까워지고 싶다',

즉 '현재의 자신은 스스로 그려온 이상적인 모습이

아니다'라고 생각하는 법이다.

따라서 '현재의 나는 아직 내가 꿈꾸는

이상적인 모습이 아니다'라는 평가가

자기 자신에 대한 정당한 평가다.

이렇게 생각하면 자신이 소중해진다.
지나치게 낮았던 자기 평가를 원점으로 돌리고
현재의 자신을 있는 그대로 인정한다.
그러면 스트레스가 줄어든다. 스트레스가 줄면……
그다음은 이미 아는 바와 같다.
과민반응이 사라지고
모든 일을 편안한 마음으로 받아들일 수 있다.

또 하나, 여기서 꼭 기억해두었으면 하는 점이 있다.
앞서 '지금 당장은 기대했던 모습과 달라도'라고
말했는데, 이 부분이 바로 포인트다.
그렇다면 미래는 어떨까?

기대를 버리고 자기비판을 멈추면
지금까지는 상상도 못 했던 미래가 펼쳐질지도 모른다.
그 이야기는 앞으로 차차 하기로 하자.
지금은 현재의 자신에게 지나치게
엄격하게 구는 현상에 대해 좀 더 살펴보자.

기대를 버리고 자기비판을 멈추면
지금까지는 상상도 못 했던 미래가
펼쳐질지도 모른다.

회색지대를
받아들이는 훈련

현재의 자신을 이상적인 모습에 비교하며

실망하는 이유는

'고정관념'이 너무 강하기 때문이다.

더 여자 혹은 남자다워야 해, 더 긍정적이어야 해,

더 적극적이어야 해, 더 어른스러워져야 해,

더 용감해져야 해,

혹시 매일 이런 생각을 한다면 한 번쯤 생각해보자.

'더'는 도대체 얼마만큼일까?

현재의 자신과 이상 속 자신의 거리는 얼마나 될까?

고정관념에 얽매이면 이 거리를 냉정하게 판단할 수 없다.

이상만큼 다다르지 못하면 전부 쓸모없다고

판단해버리니

0 아니면 100, 흑 아니면 백, 즉 완벽주의다.

실제로는 흑과 백 사이에

넓은 회색지대 *gray zone*가 존재한다.

인간의 생활은 옅은 회색이냐 짙은 회색이냐의 차이만

있을 뿐 모두 회색지대 안에 있다.

인간 세상은 이상적인 순백도, 칠흑 같은 암흑도 아니다.

기쁨과 슬픔, 잘남과 못남, 진실과 거짓,

선과 악, 고상함과 저급함, 양쪽이 뒤섞여 있다.

세상과 인간의 어두운 면만 보고 우울해하지 않고

'이것이 인생'이라는 사실을 인정하면 훨씬 편안해질 수 있다.

회색지대를 받아들였다면

타인을 받아들일 마음도 겸비했다고 볼 수 있다.

섬세한 사람들은 자신과 동떨어진 사람에게

어색함을 느낀다.

무엇이든 대충하는 사람을 보면 못마땅하고,

개인적인 일을 꼬치꼬치 캐묻는 사람에게는 불쾌함을

느낀다.

목소리가 쓸데없이 크거나

태도가 불량한 사람은 멀리하고 싶어진다.

물론 그런 사람과 억지로 친하게 지낼 필요는 없다.

하지만 그 차이를 '맞다, 틀리다'로만 판단해서

타인에게 마음을 닫아버리는 일은 옳지 않다.

타인에 관한 관심이 사라지면

누군가와 함께하는 기쁨도, 나와 다른 사람에게서

얻을 수 있는 교훈도 모두 놓쳐버리게 된다.

따라서 그런 사람들을 대할 때는 맞다, 틀리다가 아니라

'다르다'고 인식해보자. 친해질 수는 없더라도

스스로 마음의 문을 닫은 사람이 되는 일은 피할 수 있다.

나라는 한 사람의 인간 또한 회색지대에 있는 존재다.

검게 보이는 부분만 보면서 '틀렸다'는 판단을 내리고

스스로에게 마음의 문을 닫아버리면

당신의 세상은 더욱 좁아지고 옴짝달싹할 수 없는

상태가 된다.

'나 자신은 오점 하나 없이 깨끗할 것'이라는
기대를 버리고
회색인 자신을 있는 그대로 받아들이는 것을
기본자세로 삼아보자.

'복리계산'을 이용해서
힘들이지 않고 전진!

"아무리 그래도 역시 남들보다 못난 부분은 싫어요!"
"나를 그대로 인정하고 만다면 발전이 없지 않을까요?"
물론 이런 의견도 있다. 확실히 향상심도 중요하다.
하지만 회색지대를 인정한다고 해서
앞으로 나아갈 수 없는 것은 아니다.
'기대를 버리고 노력하기'의 포인트가 여기에 있다.

이 책에서는 지금까지 다양한 습관을 추천해왔다.
당신이 그중 몇 가지를 실천하면서
'아무리 해도 습관이 안 붙는다!'며 스스로 불만을
느꼈다고 해보자.

그렇다면 당신이 해야 할 일은 두 가지다.

1. 불평불만은 그만!
자신에게 거는 기대를 버려라. '습관이란 게
그리 쉽게 생길 리 없잖아'라며 기대하지 않는
자세가 가장 적절하다.

2. 묵묵하게 계속하라!
오늘 되지 않더라도, 내일 되지 않더라도 계속해라.
포기하지 않는 것만으로도 대단하다며
자신을 인정해보자.

이것이 '기대를 버리고 노력하기'다.
이대로 실천한다면 지금까지와는 다른
새로운 시점에 눈을 뜨게 될 것이다.
'할 수 있다, 없다'가 아니라 '아직은 못한다'라는 관점이다.
회색지대에서 불평불만 없이 묵묵히 노력하는
사람의 사고방식은 이렇게 적극적이다.

그런데 '노력'이라는 말을 들으면

괜히 힘들고 괴로운 이미지가 떠오른다.

하지만 내가 추천하는 노력은 절대 괴롭지 않다.

처음부터 끝까지 스몰 스텝(49페이지)을 유지하며

조금씩 올라가면 된다.

단이 높지 않기에 시간은 걸린다.

하지만 원하는 결과까지 생각만큼 길지는 않을 것이다.

스몰 스텝의 성과는 복리로 늘어나니까!

현재를 100이라고 했을 때 매일 0.1퍼센트씩,

눈에 보이지 않을 만큼 조금씩 나아간다고 하자.

첫날은 100, 다음날은 100.1이다.

하지만 그다음 날은 100.2가 아니다.

100.1의 0.1퍼센트가 늘어나므로 100.2001이다.

이 계산으로 매일 늘어나면 1년 후에는……

무려 144! 즉 44퍼센트나 늘어난다.

고작 0.1퍼센트로는 나아지고 있다는 사실을

실감하기 어렵다. 하지만 사실은 조용히,

게다가 가속도를 붙여가며 변화가 일어나고 있다.

궁극의 질문
'내 아이에게도 같은 일을 시킬 수 있는가?'

다음은 내 클리닉을 찾아온 환자 중
자신이 매우 예민하다는 사실을 자각하고 있던
사람의 이야기다.
그 여성은 아침 9시부터 밤 12시까지 서서 일하는
고된 일을 하고 있었다. 그런 상황에서
"공황발작이 자주 일어나 일에 지장이 있으니
약 좀 처방해주세요"라고 말하는 것이 아닌가.

"아니요. 그럴 수 없습니다."
나는 이렇게 대답했다.
그런 생활을 하면 당연히 정신적으로 문제가 생긴다.

자신을 자기 자식이라고 생각하면
자신에게 괜한 부담을 주지 않고
진심으로 응원할 수 있다.

지금은 약이 아니라 휴식이 필요하니
일하는 방식을 바꾸는 것이 먼저라고 말했다.
하지만 그 여성은 내 말을 듣지 않았다.
"지금 일하는 곳에서 제가 제일 선임자라
더 열심히 할 수밖에 없어요."

고집을 부리는 그 여성에게 나는 이렇게 물었다.

"만약 당신 딸이 지금 당신과 같은 상황이라면
당신은 '일을 계속하라'고 말할 수 있나요?
'어서 약 먹고 출근해'라고 말할 건가요?"

"아니요. 그럴 수는 없죠."
나는 그 대답을 듣고 판단력이 돌아와서 다행이라고
생각했다.

자신의 아이에게 같은 일을 시킬 수 있는가?
갑자기 떠오른 질문이었지만,
'자신을 아끼는 방법'을 떠올리게 하는
최고의 질문이라는 생각이 들었다.

누군가 "너 자신을 좀 아껴"라고 말해주면
친절한 마음에는 고마워하면서도 속으로는
'그게 무슨 말이지? 뭘 어떻게 하는 건데?'라고 생각한다.
항상 자신을 뒷전으로 미루는 일에 익숙해지면
이 말이 뜬구름 잡는 소리로 들려 마음에 와닿지 않는다.

하지만 아무리 그런 사람도 자기 자식을 떠올리면
현실감 있게 다가온다.
스스로 자신에게 얼마나 심한 짓을 하고 있는지,
지금 자신에게 필요한 것이 무엇인지 객관적으로 볼 수 있다.

신기하게도 젊은 사람도, 아이가 없어도,
성별과 관계없이 모두가 '만약 내 자식이라면'이라는
상상을 할 수 있다. 나도 아이는 없지만
상상만으로도 너무나 사랑하는 마음이 생긴다.

자신을 자기 자식이라고 생각하면
자연스럽게 '잘 키워야지' 하는 마음이 든다.
노력하는 자신에게 괜한 부담을 주지 않고
진심으로 응원할 수 있다.

아이는

무리한 일을 시키며 귀 따갑게 잔소리하는 부모가 아니라,

따뜻하게 지켜주는 부모 밑에서 잘 자라는 법이다.

이런 마음을 가지고 '자기 자신'을 키워보자.

행복의 5단계
평가하기

'타인에게 기대하지 않기'
'나에게 기대하지 않기'
'스몰 스텝으로 노력하기'

이 세 가지 습관이 생기면 과장이 아니라
정말 인생이 달라진다.
처음에는 잘 안 되고 실감할 수 없어도
포기하지 말고 계속하길 바란다.

하지만 피부로 와닿지 않는 상태로 노력하기는
확실히 쉽지 않다.

그러니 실감할 수 있는 장치를 만들어보자.

이름하여 '행복의 5단계 평가'다.

매일 자신이 한 활동 하나하나가

얼마나 기분 좋았는지, 행복했는지를 점수화하는

방법이다.

일종의 일기라고 할 수 있는데,

예민한 기질이 있는 사람이 문장형식으로 일기를 쓰면

그저 감정 분출구가 되기 쉽다. 반면 5단계 평가는

감정에 '점수'를 매기는 분석 방법이므로

상태를 객관적으로 지켜볼 수 있다.

나도 매일 쓰고 있다.

얼마 전 쓴 5단계 평가를 보면 다음과 같다.

▶ 모닝커피: 3 (커피는 좋아하지만, 나중에 속이 안 좋아져서 문제)

▶ 아침 목욕: 4

▶ 독서: 4

▶ 진료: 3.5 (환자들의 상황이 다양해서 5점이 거의 없다)

▶ 점심: 3

▶ 스터디 모임: 5 (흥미로운 주제와 자극을 주는 동료가 있어 아주 행복한 시간이었다)

▶ 식사 모임: 5 (스터디 모임의 동료들과 한 식사이니 당연히 행복했다)

▶ 자전거 수리점 방문: 4.5 (오래 기다리지 않아서 좋았다)

이런 식으로 그날 아침부터 밤까지 한 활동 하나하나에
점수를 매긴다.
마지막에 점수를 모두 더하고
항목 수로 나눠서 평균 점수를 구한다.
이 평균 점수가 되도록 5점에 가까워지도록 한다.
이것이 전체적인 틀이다.

전부 5점 만점이라면
분명 당신은 이 책을 읽지도 않았을 것이다.
실상 전부 만점인 사람은 거의 없다.
현재 부족한 항목을 만점에 가깝게 만들려면
여기서도 '스몰 스텝'의 관점이 필요하다.

우선, 1~2점을 받은 항목은 원칙적으로 다시 하지 않는다.

재미없는 취미 수업, 열받게 하는 친구,

맛없고 불친절한 가게 등은 모두 연을 끊는 것이 상책이다.

'말이 그렇지 어떻게……'라고 생각하지 말고

마음을 굳게 먹거나 약간의 노력만으로 끊을 수

있는 일이라면

꼭 끊어버려야 한다. 1점인 항목은 당신에게

'하지 않는 편이 좋은', '해서는 안 되는' 일이다.

예컨대 한동안 참고 해봤지만, 현재 업무가

계속 1점이라면

이직하든, 부서 이동을 요청하든,

그 자리에서 상황을 개선하는 방법을 취하든,

뭐든 해야 한다.

3~4점인 항목은 5점에 가까워질 수 있도록

더 손질해 *brush up* 보자.

수면이 2~3점이라면 베개를 바꾸거나,

자기 전에 스마트폰을 보지 않거나,

낮 동안에 몸을 움직여

피곤하게 만들어두는 방법 등을 생각해볼 수 있다.

이 5단계 평가는 꼭 매일 할 필요는 없다.

며칠 하지 않았더라도 지난번과 이번의 점수를 비교하면

자신의 변화를 알 수 있다.

재미있다고 느껴야 오랜 습관으로 자리 잡을 수 있다.

또한 변화가 보이지 않아도 신경 쓸 필요 없다.

신경 쓰지 말고 싫어하는 일을 줄이고

좋아하는 일을 더 많이 한다는 생각으로 묵묵히 계속해보자.

신경 쓰지 말고
싫어하는 일을 줄이고
좋아하는 일을 더 많이 한다.

'인간관계 개혁'을 통한
생활개선

행복의 5단계 평가에서 1~2점을 받기 쉬운
항목을 꼽자면
고통스러운 인간관계를 들 수 있다.
어쩌면 '의문의 점심 모임'이 전형적인 예일지도
모르겠다.
학부모 모임이나 직장 내 또래 직원들 사이에는
점심을 같이 먹는 일이 규칙이 된 경우가 종종 있다.
나도 모르는 사이에 그 모임에 끼어버리면
섬세한 사람에게는 적잖은 부담이 된다.

모임의 구성원들이 좋은 사람들이고 대화가 즐겁다면

아무 문제가 없다. 하지만 지나친 참견이나 잘난 척,

험담이 난무하는 대화라면 고통 그 이상도 이하도 아니다.

섬세한 사람은 대화에서 친근감, 절도, 그리고 '의미'를 찾는다.

그러다 보니 가끔은 잡담을 나누는 일에도 고통을 받는다.

잡담은 대부분 아무 의미가 없기 때문이다.

그들은 무언가 얻을 점도 나아질 점도 없는 이야기를

기본적으로 잘하지 못한다. 문맥이 이어지지 않고

결론이 없는 이야기에 어색함을 느낀다.

하지만 섬세한 사람은 이런 점을 지적하지 못하고

그저 참기만 한다.

하지만 발달장애가 있는 사람은 이런 일을 참지 못한다.

아스퍼거증후군인 나도 그랬다.

"그 말이 하고 싶었다면 ○○라고 해야지"라고

정정하거나,

"여기서 갑자기 그런 결론이 나오는 건 이상해"라며

지적했다.

그럴 때 "별 의미 없는 말이었는데

일일이 트집 좀 잡지 마!"라는 비난이 돌아오면

'내가 잘못한 건가? 그런데 지금 틀린 말을 했잖아?'라는
생각에 머릿속이 뒤죽박죽이었다.
다행히 지금은 오랜 노력 끝에 많이 좋아졌다.

그건 그렇다 치고, 함께 있을 때 불편하다면 그 사람들과
행동을 같이할 필요가 없다.
"오늘은 몸이 좀 안 좋아요"라며 구실을 만들어 피하고
그 빈도를 점점 늘려가는 방법을 추천한다.

'그런 짓을 했다가는 이상하게 생각하지 않을까' 불안한가?
아마 그렇게들 생각할 것이다. 하지만 이야말로 원하는 바다.
   섬세하고 예민한 사람에게는
   주변 사람들과 '약간 친해지기 어려운 사람' 정도의
   위치가 마음 편한 위치다.
   괜스레 피곤할 일이 없어 정작 중요한 다른 평가에도
   좋은 영향을 미친다.

'가끔은 같이 점심을 먹으러 가고 싶기도 한데……'
다만 이렇게 애매할 때도 있다.
모임에 들어올 생각이면 열심히 참가하고,

빠질 생각이면 깨끗하게 빠진다는
암묵적 규칙이 있는 모임에
자유롭게 끼고 빠지기는 어렵다.

하지만 그렇다고 절대 불가능한 일도 아니다.
2장에서 언급한 상대의 자기중요감을 채워주는
소통 기술(109페이지)이 능숙한 수준에 이르면
'우리 모임 멤버는 아니지만, 난 저 사람 괜찮더라' 하는
존재가 될 수 있다.
그렇게 되면 '가끔 오는 손님'으로 후한 대접을
받을 수 있다.
상당한 수준에 이르러야 가능한 일이지만
꼭 시도해보길 바란다.

Good & New를 찾아라

내가 전에 일하던 클리닉에는
자폐아를 둔 어머니들의 모임에서 항상 하는 놀이가 있다.
'Good & New'라는 놀이로 미국의 초등학교에서도 한다.

24시간 이내에 있었던 좋은 일 *Good*
혹은 처음 했거나 경험한 일 *New* 을 1분 안에 말하는 게임이다.

한 사람씩 돌아가며 말한다.
사소한 일이라도 괜찮으니
깊게 생각하지 않고 떠오르는 대로 바로 말하는 것이
요령이다.

"저녁노을이 예뻤다!"

"뛰어서 제시간에 지하철을 타는 데 성공했다!"

"식기세척기가 고장 난 줄 알았는데 괜찮았다!"

"처음으로 멍게를 먹었다!"

"새 슬리퍼를 샀다!"

각자 자신의 Good & New를 말하고 그때마다
모두가 박수를 친다.

이 놀이는 사람들을 기분 좋게 만들기 위해 시작했다.
아무래도 어머니들의 이야기는 늘 심각해지기 일쑤였고,
'모임=기분이 가라앉는 장소'라는 이미지가
형성되어 있었다.
하지만 즐거운 일을 말하는 게임을 시작한 이후로
이미지가 180도 변했다.
'여기 오면 즐겁다'고 생각하게 되었다.
정말 놀라운 일은 그러는 사이 어찌 된 일인지
어머니들에게 정말로 행운이 찾아오기 시작했다는
사실이다.

좋았던 일과 새로운 일을 찾다 보면
모든 일에서 좋은 면을 보게 된다.
그러다 '나는 이미 행운아였다'는 사실을 깨닫고
기뻐하게 된다.

혼자서도 할 수 있으니 꼭 실천해보길 바란다.
Good이든, New든 하나를 꼽아 말해보고 박수를 친다.
약간 야단법석을 떨며 기뻐해야 더 효과가 좋다.

시간은 '20초 이내' 등 짧게 설정하는 것이 좋다.
스트레스를 받은 날에는 좋은 일이 있어도 깨닫기 어려운데,
그럴 때 시간을 정해놓으면 떠올리는 데 도움이 된다.

반대로 침착하게 천천히 생각해보고 싶은 사람은
일기 형식으로 쓰는 방법도 좋다.
기록해두면 나중에 다시 보면서
'맞아, 그때 즐거웠어'라며
즐거운 기분을 되새길 수 있다.

또한 'New'는 생활의 변화를 불러오는 효과가 있다.

New가 바로 생각날 수 있도록
적극적으로 새로운 체험을 해야겠다는 마음이
생기기 때문이다.

'동료와 업무 외의 대화도 나눠보자.'
'즉석 카레를 쓰지 않고 카레를 만들어보자.'
이런 식으로 새로운 도전에 눈을 돌리게 된다.

●

좋았던 일과 새로운 일을 찾다보면
모든 일에서 좋은 면을 보게 된다.
'나는 이미 행운아였다'는 사실을 깨닫게 된다.

타이머로 집중력을
조절하자

‘행복의 5단계 평가’와 ‘Good & New’를 실천하다 보면
자기 기분이 얼마나 널뛰기를 했는지 깨닫는 경우가 많다.
5단계 평가를 달리 생각해보면
‘이 활동을 너무 열심히 해서 그 뒤에는
지쳐서 움직일 수가 없었어’와 같이
앞의 항목이 뒤의 항목에 미치는 영향을 발견하기도 한다.

집중력을 효율적으로 배분하지 못해
너무 몰두해버리거나 온 힘을 다 쏟아내 버리는 현상은
발달장애가 있는 아이나 어른에게서 자주 볼 수 있다.
그리고 섬세해서 세세한 부분까지 신경 쓰는

(때로는 집착하는) 예민한 기질을 가진 사람도 이 부분을
잘 조절하지 못한다.

집중한 뒤에 피로가 몰려오는 이유는
크게 두 가지로 볼 수 있다.
하나는 너무 오래 한 탓이다.
몰두하다가 멈출 시기를 놓치고
결국 뇌의 체력이 고갈되어 버린다.

또 하나는 즐기지 못해서다.
그 일을 끝내는 순간 성취감을 맛보았다면
'도파민'이라는 호르몬이 분비되어 피로가 사라진다.
피로가 남아 있다면 홀가분하게 떨쳐버리지 못할 만큼
그 일을 즐기지 못했다는 말이 된다.

이럴 때 효과적인 방법이 '제한 시간*time limit* 작전'이다.
타이머로 시간을 맞춰두고 '몇 분 안에 여기까지'라고
정해두는 방법이다.
내 경우는 20분으로 설정했지만
뇌의 체력은 개인차가 있으니 10분, 15분으로 시험해보고

감각적으로 자신에게 맞는 시간을 찾아보자.

'이 시간 안에 서류 한 장을 완성하겠다'라는 기준을 정하면
마지막 2분 정도는 타이머와 경쟁을 하게 된다.
몇 초 전에 끝마치면 '이겼다!'는 생각에 즐거워진다.
　도파민이 분비되어 기분도 상쾌해진다.
　그래서 바로 다음 장을 쓰기 시작할 수 있다.

　나는 이때 휴식 시간을 넣는다.
　'집중하고 있었는데 괜히 쉬었다가 다시 돌아가지 못하면
어쩌지'라고 걱정하는 사람도 많을 것이다.
　그래서 쉬지 않고 계속하다 보니 피로가 쌓이는 것인데,
이 방법이라면 걱정할 것이 없다.
　제한 시간별로 도파민이 보충되기 때문이다.

　참고로 이 방법은
ADHD 아동을 위한 집중력 조절 연습에 활용했다.
　아이들은 집중할 수 있는 시간이 매우 짧으므로
제한 시간은 5분 정도로 한다.
　그리고 시간만 나누는 것이 아니라 과제도 나눈다.

과제가 출력물 한 장이라면 5분 안에 끝낼 수 있는
분량별로 종이를 자른다. 가위로 진짜 자른다.
그리고 5분마다 "다 했다. 자, 다음", "또 다 했다. 자, 다음"
이런 식으로 진행해보자.
숙제의 무한 리필은 하고 싶을 때까지 할 수 있다.
이렇게 생각하면 조금은 즐거워진다.

5분마다 울리는 전용 타이머를 사용해도 좋지만
스마트폰 타이머로 매번 시간을 맞추며
그러는 동안 단 몇 초의 휴식을 취하는 것도 좋다.
자신에게 맞는 간격 *span* 과 방식으로 도전해보자.

'시작을 못 하는 문제'를
해결하는 방법

제한 시간 작전은

일이라는 엔진에 시동을 걸 때도 효과적이다.

아침에 제일 먼저 컴퓨터를 켜고 메일에 답하려고 할 때

처음부터 막히는 경우가 있다.

'이 사람은 까다로우니까 신경을 거슬리지 않는

내용으로…… 아, 나중에 하자.'

'이 사람은 중요한 사람이니까 정중한 표현을

골라야 하는데…… 나중에 하자.'

'이 의뢰는 받아야 하는데! 하지만 일정이 빡빡해…….

나중에 생각하자.'

자신이 이런 생각을 하고 있단 걸 알았다면
"이 핑계, 저 핑계 대지 말고 10분 안에 회신해!"
라고 스스로에게 호통치자.

10분 안에 끝내기는 물론 쉬운 일이 아니다.
섬세한 사람은 간단한 회신에도 진심을 담으려고
하기 때문이다.
이들에게는 예절 관련 서적에 자주 나오는
'감사 답장은 바로 보낸다'라는 규칙도 어려울 수 있다.
양식에 맞춰 금세 쓴 편지를 바로 부쳐버리면
감사의 마음을 전한다는 취지와 맞지 않는다고
생각하기 때문이다.

내가 하고 싶은 말은
10분 안에 회신을 끝내지 않더라도 시작한 것만으로
대성공이라는 것이다.
즉, 제한 시간 작전은 시간 안에 완료하는 게 아닌
'착수'라는 첫 난관을 돌파하는 것이 목적이다.

일단 시작하면 탄력이 붙는다는 사실은

독일의 심리학자 에밀 크레펠린 *Emil Kraepelin*이 주장한
'작동 흥분 이론*work excitement theory*'에 근거한 현상이다.
아무리 내키지 않는 일이라도 일단 손에 잡으면
도파민이 분비되어 의욕이 샘솟는다.

▶ 어려운 조사나 공부를 한다면 우선 자료를 책상 위에
　올려둔다.
▶ 기획 아이디어가 떠오르지 않는다면 '기획서'라는
　제목이라도 쓴다.
▶ 저녁 메뉴가 고민된다면 아무것도 정하지 않고
　레시피 사이트를 연다.

이런 식으로 작은 일이라도 시작하면 된다.
여기에 제한 시간 작전까지 적용하면 첫걸음을
뗄 수 있다.

그런데도 시작할 수 없을 때는
처음 10분간 '단순 작업'을 해보자.
'책상 정리를 한다, 이면지를 4등분해서
메모지를 만든다, 냉장고를 정리한다.'

이와 같은 단순 작업으로 먼저 몸을 움직이면 자연스럽게
업무용 엔진에 시동이 걸릴 것이다.

이렇게 다양한 방법을 시도하면서
자신만의 시동 거는 법을 찾아보자.
매번 착수가 잘 되는 방법을 찾으면 성공이다!
그 방법을 습관으로 만들어보자.

마음을 비워(無心)
뇌를 쉬게 하자

당신은 열중할 수 있는 취미가 있는가?
요즘 내가 푹 빠진 취미는 기타 연습이다.
친구와 연습실에 모여서 합주를 하는데,
나는 초보 실력이지만 그 친구는 프로라서
멋지게 연주할 수 있도록 잘 이끌어준다.
오토바이를 타고 달릴 때도 다른 생각을 잊는다.
젊은 시절 서킷 레이스(코스 경주)에 참가한 적도 있다.
달리고 나면 늘 머리가 맑아졌다.

"저는 시끄러운 소리나 빠른 속도를 좋아하지 않아요."
이렇게 말하는 사람이 있을지도 모르겠다.

물론 꼭 기타나 오토바이일 필요는 없다.
어떤 일이든 열중할 수 있는 일을 찾아
집중하는 시간을 가져보자는 말이다.

예민한 기질인 사람은 예술을 좋아할 확률이 높다.
도예나 회화도 잘 맞을 것이고
뜨개질이나 자수, 일러스트와 같은 수작업도 좋을 듯하다.
손재주가 없어 못 한다는 사람에게는 '성인용 컬러링북'을
추천한다. 집중해서 칠하다 보면 마음을 비울 수 있다.
어떤 일이든 몸을 함께 움직일 수 있는 것이 좋다.

이때 몸과 뇌는 활동하는 동시에 휴식도 취한다.
과거에 한 뇌파 연구에서
장기 기사나 검도 선수의 뇌를 조사한 적이 있는데,
이들의 뇌 활동이 '한 부분에 집중'되어 있다는 사실이
밝혀졌다.
활발히 활동하고 있었던 부분은 뇌의 한 지점뿐이었다.
다른 영역은 모두 쉬고 있었다.
도를 닦는 스님이나 요가 수행자가 명상에 잠겨 있을 때도
같은 상태라 한다.

무언가에 열중할 때도 같은 현상이 일어난다.

좋아하는 일에 몰두하면서 뇌의 다른 부분은 휴식 상태에 들어간다.

지치더라도 기분이 상쾌하다. 그런 날은 푹 잘 수 있어 다음 날도 개운하게 눈 뜨게 된다.

무언가에 열중할 때
뇌의 다른 모든 부분은 휴식을 취한다.

청소를 싫어하지만
깔끔한 성격!?

시간 가는 줄 모르고 열중하는 일이 있는가 하면,
하고 싶지 않아도 해야 하는 일도 있다.

예를 들면 청소가 그렇다.
청소가 특기라면 아무 문제 없겠지만
세상에는 그런 사람만 있지는 않으니 말이다.
그런데 섬세하거나 예민한 사람 중에
의외로 청소를 잘 못 하는 사람이 있다.
아이러니하게도 이런 사람들은 대부분
깔끔한 성격이지만 청소를 하는 데 애를 먹는다.

엄밀히 말해 깔끔한 상태를 좋아하기 때문에
더욱 청소를 어려워한다. 왜냐하면 청소란
더러운 곳에 손을 대서 오염을 제거하는
작업이기 때문이다.
끈적끈적한 환기팬, 미끈미끈한 배수구,
먼지투성이 에어컨 필터, 모두 손대기 싫은 곳이다 보니
청소가 고역이다.
게다가 지저분한 방을 보면 자기긍정감이 떨어져서
의욕도 생기지 않는다.

하지만 그렇다고 해서 청소를 안 하면
기분과 건강에도 악영향을 미치게 된다.
나도 진찰실의 에어컨 필터 청소를 받고 나서
계속 힘들어하던 코막힘이나 무기력함이
싹 사라져서 놀란 적이 있다.
지금까지 얼마나 안 좋은 환경에서 생활했는지
알 수 있었다.

직접 청소하기 싫다면 청소업체에 의뢰하는 방법도 있다.
금전적 부담은 있지만 그렇게 해서 몸과 마음이

건강해진다면 해볼 만한 가치는 있다.

'에이, 남에게 집 안 구석구석을 보이다니 뭔가 싫어.'

그럴 수도 있다.

섬세한 사람은 2장에서도 말했듯이 '노출 불안'이

다른 사람에 비해 훨씬 강하기 때문에 당연히

그런 생각을 할 수 있다.

하지만 이참에 그 불안까지 한꺼번에 날려보는 건

어떨까?

노출 불안이 커지면 다음에서 설명할

세 가지 안 좋은 현상이 일어날 수 있다.

'심술'에도
다 이유가 있다

노출 불안이 강해서 생기는 안 좋은 현상 중 하나는
이해력 저하다.
수업 시간에는 분명 이해했는데 갑자기 지목을 당하면
머릿속이 하얘지면서 대답하지 못하는 현상이
전형적인 형태다.

두 번째는 신체 감각 이상이다.
소름이 돋거나 어떤 사람은 팔 감각이 둔해지기도 한다.

마지막은 심술이다.

길을 잃었는데도 다른 사람에게 묻지 않는 것도, 생각
같아서는 청소업체를 부르고 싶지만 그러지 못하는 것도,
다른 사람의 충고를 듣고 괜히 모진 말을 해버리는 것도,
다 노출 불안에 따른 심술이다.

그러니 이 불안을 없애보자.

청소라면 청소를 못 하는 이유와
업체를 부르지 못하는 이유를 다시 한 번 생각해보자.
이유가 명확해지면 우선 안심이 된다.
앞에서 청소를 못 하는 이유가 자신이 게을러서가
아니라는 사실을 알았으니
더는 자신을 탓하지 말자.
자책이 쏟아져나오는 수도꼭지를 꽉 잠그듯
생각을 멈춘다.
다음으로 타인에게 거는 기대를 버리자.
'나 자신이나 내 방을 어떻게 여기든 상관없다'고
생각하면 더는 불안하지 않다.
애당초 상대는 전문 업자이니 부끄러워할 필요가
전혀 없다.

"어떻게 그래요!"라며 불만이 터져 나올지도 모르겠다.

잘 안 되고 어렵더라도 괜찮다.

지금 할 수 있는 범위 안에서 스몰 스텝으로 노력해보자.

검색창에 '집 청소'를 치고 검색 버튼을 클릭한다.

이것만으로 오늘 임무는 완수다.

검색된 결과를 일일이 열어보지 않아도 상관없다.

억지로 하지 않아도 괜찮다.

대신 내일의 스몰 스텝은

'검색 결과 중 맨 위 사이트를 열어본다'로 해보자.

이렇게 매일 'Good & New'의 'New'가 새롭게 생겨난다.

섬세하고 민감해도
성공할 수 있다

스몰 스텝은 작은 성공 체험의 반복이다.

성공 체험은

자신에게 엄격한 예민한 사람들의 인생에서

결정적으로 부족한 경험이다.

자신이 할 수 없는 일을 심각하게 받아들이는 마음에

'작은 성취감'을 주입하면 감각에 확실한 변화가 일어난다.

단순히 자신감만 커지는 것이 아니다.

용기와 도전정신이 배로 증가한다.

그리고 이로 인해 미래에 대한 가능성도 활짝 열린다.

혹시 책임자 자리로 승진이나 취임하라는 제안이
들어올 때
거절했던 경험이 있지 않은가?
'자네를 지켜보니……'라는 말을 들으면
오히려 압박이 느껴져서 도망친 적이 있지 않은가?

성공 체험을 쌓으면 이런 소극적인 자세를 바꿀 수 있다.
'내가 그런 일을 할 수 있을 리가 없어!'가 아니라,
'할 수 있을지도 몰라', '일단 해볼까?'라는
생각을 하게 된다.

자신감이 없었을 때는 무모한 도전이라고
생각했을 것이다.
하지만 이제는 무모한 일이 아니라는 사실을 깨닫는다.
제안을 받았다는 것은
상대가 '이 사람이라면 할 수 있다'고 생각했기 때문이다.
분명 그럴 만한 이유가 있겠지라며 이해하게 된다.

성공한 사람들의 공통점은 무엇일까?
바로 수많은 성공 체험을 했다는 사실이다.

타고난 재능이 아니라(재능이 있어도 성공하지 못하는 사람도
많다) 매일매일 노력해서 작은 성공을 쌓아가며
'할 수 있다'는 생각을 키워낸 덕에 얻은 성공 체험이다.
그래서 큰 기회가 왔을 때 붙잡을 수 있는 것이다.

일본에는 거의 50년 가까이 현역으로 활동하는
고 히로미郷ひろみ 라는 가수 겸 배우가 있다.
그는 60대 중반의 나이지만
20대의 스타일과 체력을 유지하고,
근력 운동을 하면 마음이 안정된다고 할 정도의
탄탄한 몸을 가지고 있으며 지금도 멋진 공연을 보여준다.
도대체 어떻게 해야 그런 일이 가능할까?

전에 그의 스마트폰 화면이 화제가 된 일이 있었다.
화면에 '30'이라는 숫자가 쓰여 있었다.
그 숫자는 '음식 한입에 30번 씹는다'는 의미였고
그가 자신에게 부여한 과제였다고 한다.
이 이야기를 듣고 '이것이야말로 스몰 스텝이다'라고
생각했다.

사소한 일이라도 꼬박꼬박 챙기며 매일 성취감을 맛본다.
이런 반복의 결과가 그의 빛나는 경력을 만들어준 것이
아닐까?

'제2영역'을 의식하면
인생이 풍요로워진다

'저는 특별히 대단한 성공을 원하지는 않는데요…….'
이런 생각을 하는 사람도 꽤 있을 것이다.
그 마음 충분히 이해한다.

그렇다면 '만족'이라고 바꾸면 어떨까?
매일 내 나름으로 만족하는 인생,
진심으로 기쁜 일을 하며 나답게 사는 인생.
어쩌면 사회적으로 성공한 인생보다
이런 인생이 더 행복할 것이다.

여기까지 읽은 독자들은

이제 그런 행복의 실현을 검토해야 할 때다.

지금까지 등장했던 습관을 종합하면 그것이 가능하다.

▶ TO DO 리스트(40페이지) → 우선순위를 쉽게 파악할 수 있다

▶ 타인의 자기중요감을 채운다(109페이지) → 인간관계가 좋아진다

▶ 자신에게 기대하지 않는다(150페이지) → 자신을 좋아하게 된다

▶ 행복의 5단계 평가(167페이지) → 행복감이 커진다

▶ 스몰 스텝으로 노력한다(49페이지) → 자기긍정감과 용기가 생긴다

그리고 또 하나,

습관으로 만들었으면 하는 것이 '제2영역 의식하기'다.

제2영역이란 무엇일까? 이미 아는 사람도 있을 것이다.

비즈니스 세계에서는 '긴급도-중요도 매트릭스로 업무를 정리하라', '제2영역을 의식하라'라는 말을 자주 한다.

이 개념은 일뿐만 아니라 만족스러운 인생을 보내는 데도

중요함

제1영역

· 바로 해야 하며 중요한 일

· 하지만 여기서 시간을
너무 소비하면 다른 영역에
소홀하게 된다.

제2영역

· 바로 할 필요는 없지만
중요한 일

· 그냥 내버려두면
나중에 후회하게 된다.

긴급함   긴급하지
않음

제3영역

· 바로 해야 하지만 크게
중요하지는 않은 일

· 생각지 못하게 시간을
빼앗기기 쉬우나 여기서
시간을 소비하면 손해다.

제4영역

· 바로 할 필요도 없고
중요하지도 않은 일

· 여기에 시간을 많이 할애하면
나중에 후회하게 된다.

(시간을 0으로 할당할 필요는 없다)

중요하지 않음

큰 힌트가 된다.

긴급하고 중요한 제1영역의 일은
누구나 최우선으로 처리한다.
긴급하지만 중요하지 않은 제3영역의 일은
시간에 쫓겨서 어쩔 수 없이 처리한다.

제1영역과 제3영역에서 지쳐버리면
더는 아무것도 하고 싶지 않아서 소파에 누워
텔레비전을 보거나 게임을 하면서
제4영역에서 시간을 보낸다.
이 또한 모든 인간이 하는 행동이다.

하지만 지금까지 나왔던 습관을 실천하고
그 효과가 나타나기 시작하면 피로가 쌓이지 않고
시간적 여유도 생길 것이다.
그때 '긴급하지는 않지만 중요한 일'이 빛을 발한다.
행복한 인생의 열쇠를 쥐고 있는 것이 바로, 제2영역의 일이다.

매일 내 나름으로 만족하는 인생,
진심으로 기쁜 일을 하며 나답게 사는 인생.
어쩌면 사회적으로 성공한 인생보다
이런 인생이 더 행복할 것이다.

'학습, 건강, 인맥 쌓기'가
키워드

지금까지 나온 습관들을 실천하면
왜 제2영역을 의식하게 되는 걸까?

우선 'TO DO 리스트'를 통해 우선순위를 정하는 기술이
향상되면 지금보다 일을 빨리 끝낼 수 있다.

또한 '타인의 자기중요감 채우기'를 통해
주변 사람들과 신뢰 관계를 구축하면
다른 사람에게 일을 부탁하거나 맡길 수 있다.
여기서 또 약간의 시간이 생긴다.

한편 스스로에 관한 의식도 변한다.
'자신에게 기대하지 않기'와
'스몰 스텝으로 노력하기'를 통해
자신감이 생긴다.
또 '행복의 5단계 평가' 습관으로 가치관이 명확해지면
자신이 어떤 일에 기쁨을 느끼고 관심이 있는지
확실하게 알게 된다.

여기까지 됐다면
'내가 정말 소중하게 생각하는 일이 뭘까?'라는
질문이 떠오른다.
새롭게 생긴 여유 시간에 이 일들을 해보고 싶다는
생각이 들었다면 매우 자연스러운 흐름이다.

5단계 평가 기록이 어느 정도 모이면
시간이 있을 때 하루씩 돌이켜보자.

'나는 지금 제2영역에 해당하는 활동을 얼마나 하고 있는가?'
손으로 썼다면 형광펜으로,
스마트폰이나 컴퓨터라면 마크 기능을 사용해서 점검해보자.

색으로 칠해진 부분이 적다면 의식적으로 늘려가자.

'어떤 일이 제2영역인지조차 모르겠다.'
'제2영역은 도대체 뭘 하는 거지?'
이렇게 묻고 싶은 사람도 있을 것이다.
확실히 긴급한지, 아닌지는 그렇다 쳐도
'중요한지, 아닌지'를 바로 구분하기는 어려울 수 있다.

제2영역에 들어가는 내용은 사람에 따라 천차만별이지만
결국 정리하면 세 가지로 나눌 수 있다.
어렵게 생각하지 말고 읽어보길 바란다.

1. 학습
호기심이 이끄는 대로 즐겁게 무언가를 배우는 일이다.
새로운 것을 배운다, 자격증 시험에 도전한다, 독서를
한다, 스터디 모임에 나간다 등등.

2. 건강
적당한 운동, 건강에 좋은 식사도 여기에 들어간다.
달리기, 스트레칭, 근력 운동, 헬스장 다니기 등등.

3. 인맥 쌓기

중요한 친구, 신뢰할 수 있는 회사 동료, 상담할 수 있는
멘토, 영감을 주는 지인과의 교류.

여기에 해당하는 활동이 많으면 많을수록
정신적으로 풍요로운 생활이다.
당신이라면 제2영역에 어떤 활동을 넣을지 생각해보자.

운동 습관으로
걱정을 날려버린다

아무리 생각해도 어디서부터 시작해야 할지 모르겠다면
가장 간단한 '2. 건강'부터 시작해보면 어떨까?

사람은 몸을 움직이는 동안에는
과거를 돌이켜 생각하며 후회하거나,
내일 일을 걱정하지 않는다.

생각을 지나치게 깊게 하는 섬세한 사람에게는
달리기 습관이 가장 효과적이다.

이렇게 말하면 섬세한 사람은 대부분 얼굴을 찌푸린다.

"힘들어서 하기 싫어요."
"옛날부터 달리기 시합이 제일 싫었어요."
상당히 소극적인 대답이 돌아온다.

물론 강요할 생각은 없지만,
운동의 즐거움과 효과를 모르는 채로 산다면
너무 안타까운 일이다.

힘든 게 싫다면 걷기부터 시작해보면 어떨까?
10분간 걷다가 점점 속도를 올려 빠른 걸음으로 걷는다.
그러다 속도를 높여 달려본다. 힘들면 다시 걷다가
다시 빠른 걸음으로 걷는다. 이런 패턴으로
달리는 시간을 조금씩 늘려가면
크게 힘들이지 않고 서서히 익숙해질 수 있다.

참고로 힘들지 않을 정도의 속도로 한동안 달리면
'러너즈 하이 *runner's high*, 달릴수록 기분이 상쾌해지는 현상-
역주'라는 쾌감을 느낄 수 있다.
β-엔도르핀이라는 뇌 속 물질의 분비로 일어나는
현상이다.

일단 한번 체험하고 나면 세상이 조금은 달라 보인다.
자연스레 또 달리고 싶다는 생각이 들 것이다.

그래도 헬스장에 다니거나 집 근처를 뛰고 싶지는 않다면
실내 러닝으로도 같은 체험을 할 수 있다.
실내에서 뛰면 따로 근사한 트레이닝복도 필요 없다.
이제 지금까지 몰랐던 새로운 세상으로
한 발 내디뎌 보자.

'제2영역 × 5단계 평가'로 유지

운동 외의 다른 두 항목도 살펴보자.

'3. 인맥 쌓기'에서도 '나답게'를 가장 중요하게
생각해야 한다.

내키지 않는 타 업종의 사교모임이나 파티에
꼭 참석할 필요는 없다.

섬세한 사람에게는 그런 모임 자체가 상당한 고통이다.

나 역시 아주 싫어한다.

진심으로 만나고 싶은 사람은 만나고,
내키지 않는 초대는 구실을 만들어 거절하다 보면
자연스레 마음이 잘 맞는 동료들이 생긴다.

또한 '5단계 평가(167페이지)' 기록을 자주 펼쳐보면
자연스레 '1. 학습'의 계기를 만들 수 있다.
'3점을 4점으로 만들 수 없을까?'라는 생각에
해당 활동의 수준을 한 단계 높이려 하면 *brush up*
그를 위한 공부가 간절해지기 때문이다.
나 역시 그렇다. 진료 점수가 매일 3점이면
더 좋은 치료를 할 수 있도록 새로운 지식을 찾는다.
결국 제2영역의 활동이 하나 더 늘어난다.

그리고 무언가를 새로 배우기 시작했다면
그 활동도 5단계 평가로 점수를 매겨보자.
영어 회화 수업을 듣기 시작했는데
매일 2.5점, 3점 정도라면 다시 검토해야 한다는
신호일 수 있다.
제2영역은 원래 즐거운 활동이니
괴롭다면 맞지 않는다는 뜻이다.
수업을 바꾸거나 다른 방법을 찾아보는 것이 현명하다.

이렇게 5단계 평가 중에 제2영역을 찾아 만들고
제2영역의 활동을 다시 5단계로 점수 매긴다.

이 두 방법을 병행하며 서로 피드백을 주면서
더욱 만족스러운 생활을 만들어보자.

제2영역이 없는 생활은
책임과 압박에 쫓기고 있거나 피곤함에 지쳐
녹초가 되어 있거나, 둘 중 하나다.
섬세한 사람은 다른 사람보다 더 쉽게
쫓기는 기분을 느끼고
다른 사람보다 더 쉽게 피곤해지는 성격이다.
따라서 아무 준비 없이 있다가는
바로 제1영역, 제3영역, 제4영역에 점령당하고 만다.

습관을 활용해서 제2영역의 폭을 확보하자.
제2영역의 활동이 많은 인생은 행복하고
스트레스가 없다.
당신이 예민한 마음 그대로 마음속 깊은 곳에서부터
기쁨을 느끼는 생활을, 나답게 살 수 있는 일상을
손에 넣길 바란다.

당신의 섬세함을
활용하는 습관

'주변과 다르다'는 장점

지금까지 예민한 성격 그대로 스트레스 없이
만족스러운 인생을 보내려면 어떻게 해야 하는지
이야기했다.
지금부터는 예민한 마음이 당신의 '장점'이 될
가능성에 관해서 이야기해보자.
다만 그 전에 당신이 자신의 섬세함을 긍정하는 것이 먼저다.

나는 나의 개성을 긍정적으로 생각한다.
예를 들면 앞에서 언급했던 결벽증이 있다.
다른 사람보다 손을 더 자주 씻고
책상 주변이나 컴퓨터 키보드도 자주 닦는다.

하지만 방 청소는 미루는 편이다.

이상하다면 참 이상한 성격이다. 하지만 그것이 나다.

무게감 있는 이불이 아니면 잠을 못 자는 습성도 있다.

어릴 적 겨울에 사용하던 무거운 솜이불이 참 좋았다.

반면 여름에 쓰는 타월 소재의 얇은 이불은

너무 가벼워서 잠이 오지 않았다.

그래서 어머니가 꺼내주신 얇은 이불을 접어두고

겨울 이불로 다시 꺼내면, 어머니가 보시고

다시 얇은 이불로 바꿔놓으셨고 나는 다시……,

그렇게 다람쥐 쳇바퀴 돌 듯 반복했다.

그때마다 어머니는 "참 별나다"고 하셨지만

나는 상관없었다.

이 정도 고집이나 취향은 독특하다는 의미에서

장점이 될 수 있다.

예민함도 마찬가지다.

다른 사람은 관심 없는 일에 신경을 쓰는 성격은

개성이며,

이 책에서 소개한 습관을 몸에 익혀서

그에 관한 근심만 날려버리면
그때마다 기분도 상쾌해지니
이 또한 즐겁다. 도전과 노력에 따라
새로운 인생이 열릴지도 모른다는 설렘도 있다.

다른 사람과 생각이 달라서 공감하기 어렵다는
문제로 고민하는 사람이 많지만,
이는 새로운 사실을 발견하게 하는 장점이라고 볼 수도
있다.

나도 가끔 내가 다른 사람과 가치관이 다르다는
사실을 깨달을 때가 있다. 예컨대 나는 고층 아파트가
왜 좋은지 잘 모르겠다.
'야경이 예쁘다고들 하는데, 그냥 전깃불이잖아'
라는 생각이 든다. 이 이야기를 친구에게 하면
"아~ 그렇기는 하지……"라고 반응은 하지만, 그들도
상대의 자신과는 다른 어떤 점을 즐기는 모습이 보인다.

사람은 '당연'하지 않은 무언가를 접하면 재밌다고 생각한다.
남들과 다른 당신의 감각도 분명

'그러고 보니 그렇네!', '재밌다!'라는 생각을 하게 한다.

그러니 '보통 사람'과 같아지려는 생각은 버리자.
남과 다르다는 것은 당신에게 긍정적인 요소로 작용한다.

남과 다른 점을 활용해서 대단한 일을 이뤄내는
사람도 있다.
성공한 사람을 보면 거의 예외 없이
대다수 사람과 다른 부분을 가지고 있다.
빌 게이츠는 고등학생 때부터 창업 초기까지
맥도날드 버거만 먹었다고 한다.
(이 부분은 섬세함과는 반대의 개성이라고 할 수 있다)
스티브 잡스가 늘 검정 터틀넥과 청바지만
입었던 일화도 유명하다. 무엇을 입을지 생각하고
고민하는 시간을 줄이기 위한 발상이었다.
게다가 늘 일본의 패션디자이너 이세이 미야케 *Issey
Miyake*의 옷만 고집해, 완전히 자신의 유니폼으로
만들었다. 개성과 고집을 이런 식으로 보면
나와 다른 사람, 다른 사람과 다른 내가 조금은
재미있지 않을까?

당신의 섬세함을 활용하는 습관

지금 당신이 가장 많은 시간을
투자하는 일은 무엇인가?

앞에서도 말했지만, 예민한 사람은 감성이 풍부하다.
미술이나 문학의 훌륭함과 자연의 아름다움을 느끼고
그 세계에 깊이 빠져든다.
'이것은 아름답고, 이것은 아름답지 않다',
'이것은 좋아하지만, 이것은 싫다'라고
짧은 시간에 깊이 있게 느낄 수 있는 능력은
굉장한 장점이다.

하지만 가끔 이 감성을
'성가신 능력'으로 만들어버리는 사람도 있다.
이들은 오랫동안 다른 사람에게 맞추려고만 한 끝에

결국 자신이 무엇을 좋아하는지, 무엇을 하고 싶은지
모른다.

대다수 사람의 기분만 살피다 자신의 원래 가치관은
땅속에 묻혀버리고 말았다.

이 상태가 성가신 이유는 목표를 세우지 못하기 때문이다.

앞 장에서 언급한 '스몰 스텝 노력'이나
'제2영역 넓히기' 같은 습관은 우선 목표를 세워야
큰 결실을 맺을 수 있다.

무엇을 하고 싶은지 모르면
제2영역을 구축해도 방황할 뿐이다.

그럴 바에야 차라리 눈앞에 놓인 의무를 다하는
편이 낫다며

제1영역이나 제3영역으로 돌아가거나,
아무 의미 없이 제4영역에서 시간을 보내기도 한다.

이들이 목표를 찾으려면 무엇이 필요할까?
'가장 재밌는 일이 무엇인가?'라는 질문은
이들에게 와닿지 않으니 대신 이렇게 물어보자.

'가장 많은 시간을 투자하는 일이 무엇인가?'

좋아하는 일을 하는 시간은 자연스레 길어지기 마련이다.
무의식중에 시간을 투자하고 있는 일이 있다면
그것이 자신의 감성과 맞는 일이다.
수첩이나 일기장을 펼쳐서 과거 한 달간 자신의 활동을
분석해보자. '행복의 5단계 평가' 기록도 큰 도움이 된다.

우선 업무 이외의 시간을 확인해보자.
취미가 될 만한 활동을 했다면
그 일이 분명 당신이 '좋아하는 일'이다.
다만 이런 유형의 사람은 취미가 없는 경우도 많다.
그럴 때는 '어떤 책을 읽었는지'가 단서가 된다.
기억에 남은 드라마, 관심이 갔던 뉴스나 다큐멘터리,
5단계 평가에서 높은 점수를 받은 영화도 골라내 보자.
어느 부분이 마음을 끌었는지 찾아보면
자신이 어디에 관심이 있는지 알 수 있다.

업무 속에도 '좋아하는 일'에 관한 힌트가 숨어 있다.
다양한 업무 중에서 가장 많은 시간을 들여서

했던 일이 무엇인지 확인해보자.

단, 억지로 하느라 시간이 걸렸던 일은 제외다.

'지금 제출해도 괜찮은 수준이지만 시간을 더 투자해서 한층 더 완성도 있는 기획서 만들기' 같은 일이 좋다.

왜 그런 생각을 했는지, 무엇을 위해서 그랬는지를 스스로 생각해보자.

그 안에 당신이 '하고 싶은 일'이 숨어 있을 것이다.

생각의 초점을
내부에서 외부로 바꾼다

예민한 사람은 대부분 내향적이다.
언뜻 그렇게 보이지 않는 사람도
자세히 보면 자기 내부로만 파고드는 내향적 성향이
강하다.

그 이유도 역시나 다른 사람보다 예민하기 때문이다.
타인에게 압도당하거나 쉽게 동요하고,
고통을 느끼기 때문이다.

감동이나 충격, 상처를 받는 일이 많으면
필연적으로 그런 일을 당한 '자신',

즉 내부로 생각이 집중된다.

하지만 그러면 항상 힘들 수밖에 없다.
아프다, 괴롭다, 지쳤다, 나는 안 된다 등등
실제로는 전혀 그렇지 않다는 말은
지금까지 여러 번 했으니 반복하지 않겠다.

여기서는 한 발 더 깊이 들어가서
꼭 전하고 싶은 말이 있다.

자신의 내부를 들여다보고 있는 동안에는
절대 깨달을 수 없는 힘을 당신은 가지고 있다.

생각의 초점이 내부를 향하면
그 힘은 제대로 발휘할 수 없다.
하지만 외부를 향하면
자신도 믿을 수 없을 정도의 힘을 발휘할 수 있다.
외부를 향한다는 말은 '타인을 위하는' 시점을
갖는다는 의미다.

한 어머니가 차 밑에 깔린 아이를 보고
차를 번쩍 들어 올려 아이를 구했다는 실화가 있다.
생각의 초점이 아이를 향했을 때
'차를 들어 올릴 수는 없다'라는 상식이 깨져버린 것이다.

나에게도 비슷한 경험이 있다.
킬리만자로를 등반했을 때의 일이다.
당시 우리는 2인 1조로 파트너와 함께 등반했다.
내 파트너는 경험이 적고, 체력도 장비도
어쩐지 불안불안한 상태였다.
반면 나는 체력이나 경험이 충분했기에
정상까지 오를 자신이 있었다.
그래서 나의 첫 번째 목표는 파트너를 도와
정상까지 데려가는 일이었다.

그런데 해발 4,000미터에 도달했을 때
현지 가이드가 몇 명을 지명하며
"당신들은 등반을 계속하기 어렵다. 돌아가야 한다"고
말했다.
내 파트너도 지명된 사람 중 하나였다.

나는 그 뒤로 2,000미터 정도를 파트너 없이 혼자
올랐는데…….
그때까지는 편하게 올랐던 등반길이 갑자기 힘들어졌다.
겨우 정상까지는 올랐지만, 파트너가 사라지자
생각이 자신에게 집중되면서 괴로워졌다.

사람은 초점이 내부를 향하면 약해지고
외부를 향하면 강해진다.
당신도 이 법칙을 활용해보길 바란다.
　　예민한 사람은 원래 타인을 배려하는 마음을 가졌다.
　　지금은 내향적인 성격 탓에 힘을 제대로 발휘하지 못하고
　　있지만 사실 엄청난 잠재력을 감추고 있다는 말이다.

　　타고난 배려심을 사소한 걱정에만 쓰지 말고
　　'다른 사람을 위해 무엇을 할 수 있을까?'라는
　　넓은 시점으로 생각해보자.
　　가족과 회사, 지역, 사회를 위해
　　당신이 할 수 있는 일은 무엇일까?

생각의 초점이 외부, 타인을 향하면
자신도 믿을 수 없을 정도의 힘을
발휘할 수 있다.

환경을 정비하여
더욱 파워업

다만 아무리 다른 사람을 위해서라고 해도
자기 자신을 홀대하면서까지 타인에게 정성을 쏟아서는
안 된다.
내향적인 시점도 지니고 있어야 한다.
하지만 이는 자신을 탓하기 위해서가 아니라
자신을 '챙기기' 위해서 써야 맞다.
　'챙기라'는 말은
생활 속 스트레스 요소는 계속해서 제거하고,
쾌적한 요소는 늘리라는 의미다.
스트레스가 줄어들면 그만큼 숨겨진 능력을 발휘하기
쉬워진다.

일상 생활용품 중에 스트레스를 주는 물건은 없을까?

▶ 향이 너무 강한 비누와 세제
▶ 통기성이 나쁜 셔츠
▶ 잘 막히는 스프레이
▶ 까슬까슬한 니트

혹시 참아가며 쓰고 있지 않은가?

▶ 무딘 부엌칼
▶ 책상보다 낮은 의자
▶ 조금 작은 구두
▶ 동전을 꺼내기 힘든 지갑
▶ 시끄러운 청소기

'새로 사기 아까우니까'라며 계속 쓰고 있는가?

이런 물건들이 당신의 오감에 매일 부담을 준다.
깔끔하게 이별하고 당신에게 맞는 물건으로 바꿔서
스트레스를 줄여보자.

또한 쾌적한 요소를 늘릴 때는
'행복의 5단계 평가' 기록을 적극적으로 활용하자.
4.5나 5점을 받은 항목은 루틴으로 만드는 것이
제일 좋다.
나는 이 방법을 이용해 아침 시간의 습관을 만들었다.

4시에 일어나 조깅을 하고 독서를 한다. 그리고 7시에는
목욕을 한다. 필터가 달린 샤워기와 제트스파,
수소 발생기까지 마련해 가진 열정을 모두 쏟아부어
가장 좋아하는 공간을 만들고 그곳에서 전자책으로
독서를 한다.
목욕을 마치면 혀클리너와 전동 칫솔로 입 안을 깔끔하게
닦는다. 마지막으로 아유르베다 *Ayurveda*, 고대 인도의 전통 의학-
역주에서 '간두샤 *gandoosa*'라 부르는 오일풀링 *oil pulling*, 오일
가글-역주을 한다. 그리고 다이슨 헤어드라이어로 머리를
말리면 완벽하다.

최고의 환경에서 보내는 아침은
나에게 가장 행복한 시간이며
하루를 상쾌하게 시작하게 해준다.

따라서 시간과 돈을 들여 자신이 꿈꾸는 시간을
보낼 수 있는 환경을 정비하는 일은 그만한 가치가 있다.

당신에게 가장 소중한 시간을
가장 만족스럽게 보내기 위해 아낌없이 정성을 쏟아보자.
그러려면 우선 일상생활에 점수를 매겨
자신에게 어떤 시간이 소중한지를 찾아내고 인식해야 한다.

나쁜 일이 있어도
'활짝 웃자'

스트레스를 없애고 쾌적한 요소를 늘리는
노력을 계속하면서 함께 시도해봤으면 하는 일이 있다.
항상 '웃음'을 잃지 않는 것이다.

'아무리 그래도 그건 좀 어렵지 않을까?'
'나쁜 일이 전혀 없을 수는 없잖아.'
당연히 이런 생각이 들기 마련이다.
사람은 좋은 일이 있으면 웃음이 절로 나고,
나쁜 일이 생기면 기분이 안 좋은 것이 상식이다.
그런데 당신은 이런 상식에 만족하는가?

주변 환경에 따라 기분이 좌우되는 사람은
굳이 나누자면 '보통 사람'이다. 하지만
나는 보통 사람과 다른 점을 가진 당신이라면
틀림없이 이 상식을 뒤집을 만한 힘이 있다고 믿는다.

'나쁜 일이 생기면 기분이 안 좋다'는 상식을 뒤집어
'기분이 안 좋으니 일이 잘 안 풀린다'고 가정해보자.
이렇게 보니 이 가정에 맞아떨어지는 일이
꽤 있지 않은가?
의사로서 할 수 있는 말은
기분이 안 좋으면 몸 상태도 나빠지기 쉽다는 점이다.
반대로 기분이 좋으면 세로토닌과 도파민이 분비되어
몸도 마음도 쾌적해진다.

'좋은 일이 있어서 웃는 것'이 아니라
'웃고 살면 인생이 즐거워진다'라고 생각을 바꾸면
내 손으로 나 자신을 행복하게 만들 수 있다.
설사 나쁜 일이 생겨도 웃으며 넘기는 것이 좋다.
실제로 나 역시 이 방법을 실천하며
매일 행복하게 살고 있다.

좋은 일이 있어서 웃는 것이 아니라
웃고 살면 인생이 즐거워진다.

항상 웃는 사람은 인기도 많다.
당신이 '좋은 사람'이라고 생각하는 사람은
아마 틀림없이 기분 변화가 거의 없을 것이다.
그 사람 인생에도 좋은 일, 나쁜 일이 모두
일어날 텐데 그때마다 일희일비하지 않고
늘 웃음을 잃지 않는다. 그러니 호감이 안 생길 수가 없다.

그렇다면 웃음을 잃지 않으려면 어떻게 해야 할까?
간단하다.
'늘 웃음을 잃지 말자'는 결심, 이것 하나면 충분하다.

'결심'이라는 말의 힘을 우습게 봐서는 안 된다.
참고로 나는 '감기에 걸리지 않겠다'라고 결심한 후부터
15년간 감기에 걸리지 않았다. 실제로 면역력이
강해진 것 같다.

다만 결심했다면 '확신'이 필요하다.
"당신은 인간입니까?", "네"라고 대답할 정도의 확신으로,
"당신은 항상 웃을 수 있나요?", "네"라고 말할 수
있어야 한다.

'터무니없는 소리'라는 생각이 든다면 초조해하지 말고
서두르지도 말고 늘 그랬듯이 스몰 스텝으로 천천히
노력해보자.

타인에게 기대하지 않기, 자신에게 기대하지 않기,
스트레스를 줄이고 쾌적함을 늘리기 위해 항상
노력하기를 실천해보고, 그래도 스트레스를 받을 때
시도해보길 바란다.

'그냥 한번 웃어넘겨 버리자.'
　이렇게 생각하면 어찌어찌 극복할 수 있는 스트레스도
분명 있을 것이다.
　비가 추적추적 내리는 날이나 배달 음식이 다 식어서
왔을 때와 같이 작은 스트레스라면
'그냥 한번 웃어넘겨 버리자'는 마음만으로 확
날려버릴 수 있다.

넘쳐나는 자극을
어떻게 다뤄야 할까?

현대는 정보과잉 시대다. 텔레비전이나 인터넷에도
정보가 넘쳐나 원하지 않아도 여기저기서 날아 들어온다.
게다가 대부분이 부정적인 이야기다.
사건이나 추문, 정치분쟁, 전쟁과 같이 어두운
화제가 많아 예민한 사람은 상당한 타격을 입는다.
따라서 쓸모없는 정보는 될 수 있는 한 접하지 않도록 하자.

보고 싶은 프로그램이 아니면 텔레비전을
켜지 않도록 한다.
스마트폰을 보는 시간은 'ㅇ시부터 ㅇ시까지'로 정해두자.

그렇게 해도 무심코 보게 된다면
스마트폰을 물리적으로 곁에서 떨어뜨려 놓자.
자기 전에는 침실에 스마트폰을 들고 들어오지 않고
거실에 두고 침대에 눕도록 한다.

일정 시간 동안 스마트폰을 볼 수 없게 만드는
자물쇠 달린 상자도 판매되고 있다.
시간을 맞춰두면 그 시각 전에는 무슨 짓을 해도
열 수 없다.

또한 이미 접한 정보에 대한 내성도 키워야 한다.
먼저 지금까지 이야기한 '기대하지 않는' 자세를
세상일에도 적용해보자.

세상은 기대만큼 멋진 곳이 아니며
기분 나쁜 사건, 전염병, 국제분쟁이 존재하는 곳이라는
사실을 인정하자. 이런 세상에서 더 잘 살기 위해서는
어떻게 해야 할지 생각하고 노력해야 한다.
앞에서부터 계속 소개했던 방법들이 여기에도 적용된다.

그리고 또 한 가지 당신이 고려했으면 하는 점이
'정보를 퍼트리는 쪽의 속사정'이다.

정치가의 추문이 퍼졌다면 '혹시 그 문제에서
관심을 돌리려고 이 시점에 터트린 것은 아닐까?'
생각해볼 수 있다.
'이 백신은 효과가 없다'라는 보도에는
전 세계에 있는 경쟁사나 국가 간의 권력관계가
영향을 미쳤을 수도 있다.
언론매체별로 사이가 좋은 정당과 조직, 국가가 있다는
사실을 알아두면 더 다양한 사실들이 눈에 들어온다.

예민한 성격의 사람은 이러한 사실을
꿰뚫어 보는 통찰력이 뛰어나다.
'이 기사가 널리 퍼지면 이득을 보는 사람은 누구일까?'를
생각해서 휘둘리지 않도록 하자.

막연한 불안과
마주하는 법

"유치원 때부터 저는 스무 살에 죽을 거라고 생각했어요."
아스퍼거증후군인 한 환자의 말이다.
이 환자는 이미 스무 살이 넘었으니
이제 그런 걱정을 할 필요가 없어졌지만,
불안이란 이치에 상관없이 사람을 옭아매는구나 하고
생각했다.

혹시 예민한 사람들도 어릴 적부터
이치에 맞지 않는 불안에 시달리지 않았을까?
스무 살에 죽는다는 생각은 하지 않았어도
지금 아무 일 없는데 이유 없이 불안해하고

있을지도 모른다.

이런 막연한 불안에는 어떻게 대처하면 좋을까?

우선 불안의 정의를 명확하게 짚어보자.

불안이란 '대상이 없는 공포'다.

정의를 알면 대책의 방향성이 보인다.

'실체가 없으니 잠시 견딜 수밖에 없겠구나.'

이렇게 생각할 수도 있지만, 한 발 더 나아가

왜 자주 불안해지는지를 생각해보자.

이미 짐작하고 있을지도 모르지만,

바로 과도한 스트레스 때문이다.

생리학적으로 보면 교감신경이 우위에 있는 상태다.

그렇다면 부교감신경이 우위에 있는 상태를

되도록 오래 유지할 수 있는 노력이 좋은 대처법이 된다.

쾌적한 환경을 만든다, 당분 섭취를 줄인다,

주변 사람과 갈등이 생겨도 '기대하지 않고'

적당히 무시한다, 상대를 기쁘게 하는 소통으로

인간관계를 개선한다 등등이다.

또한 불쾌한 기분도 가치 있다는 생각도 중요하다.

예를 들어 스트레스는 '상황을 바꾸지 않으면 위험하다'는 신호다.

통증은 '염증이 생겼다', '출혈이 있다'는 사실을 알려준다.

불안도 '지금은 정체를 알 수 없지만 무언가 위기가 발생한 것 같다'는 알림이다.

이렇게 생각하면 자주 불안을 느끼는 나는 '위기관리에 적합한 사람'이라고 긍정적으로 평가할 수 있다.

하지만 자주 불안을 느껴 클리닉을 찾는 사람들은 잘못된 대처를 하는 경우가 많다.

"이유 없이 불안하니 항불안제를 처방해주세요"라고 말하는 사람이 대부분이다.

기왕 남들보다 뛰어난 통찰력을 가졌으니 대상이 없는 불안의 정체를 찾아 대상이 있는 걱정으로 바꿔보는 것도 의미 있는 일이다.

업무에 관한 압박 때문인지, 건강에 문제가 있는 것은 아닌지, 금전 문제인지.

이런 걱정을 전부 현실이 되지 않도록 할 수는 없지만,

사전에 준비해두면 대부분 피할 수 있다.

직장 업무는 실패하지 않도록 준비하고,

건강이라면 운동을 하고 식사에 신경을 쓴다.

금전 문제라면 낭비를 줄이고 저축을 한다.

이런 구체적인 행동을 통해 걱정을 지워보자.

불안이나 불쾌한 기분도
가치 있다는 생각이 중요하다.

위기관리 능력은
이 시대에 강하다

섬세하고 예민해서 자주 불안해하는 사람의
위기관리 능력은 앞으로 반드시 도움이 될 것이다.

지금은 어떤 일이든 앞날이 불투명한 시대다.
예민하지 않은 사람들도 불안을 느낀다.
정보만 쫓아다니거나 일부러 무관심한 척하기도 하고,
생각만 해도 피곤해서 무방비로 버티기도 한다.
이런 상황에서 '불안에 익숙한 사람'은
다른 사람보다 많은 것을 볼 수 있다.
남보다 빨리 위기를 감지하는 능력 덕분에
꼼꼼한 예방책을 세울 수 있다.

어떠한 불안도 반드시 과제로 바꿔서 생각할 수 있다.

정면으로 마주하고 정체를 파악하면

실질적인 손해가 발생하기 전에 준비할 수 있어

자신과 소중한 사람을 지킬 수 있다.

적절한 대책을 세우려면 올바른 지식과 정보를

알아보는 통찰력이 필요하다.

앞서 언급했던 '정보를 알아보는 기술'을 단련해두면

불확실한 정보에 우왕좌왕할 일이 없다.

통찰력이 있으면 그 일이 벌어졌을 때의

이미지 예측도 가능하다.

예를 들어 재난 물품을 준비해둘 때는

당장 필요한 생필품만이 아니라

'편안한 피난 생활'이라는 관점에서 물품을

준비할 수 있다.

사실 대피소 생활이나 난민 캠프에서는

신체적 건강 상태보다 정신적 증상이 더 문제가 된다.

재난이 발생한 후에는 공황 상태에 빠지거나

잠을 자지 못하는 사람이 많아 정신과 처방 약의

수요가 급증한다.

이때 다른 사람을 어떻게 도울 수 있을까?
섬세하고 배려심이 많은 사람만이 가진 아이디어가
빛을 발하는 순간일 것이다.

모두가 역경에 부딪혔을 때 예민한 사람의 힘이 필요하다.

예민한 사람에게
어울리는 직업은?

'너무 예민한 사람은 어떤 직업이 잘 맞을까요?'라는
질문을 자주 받는다.

참 대답하기 어려운 질문이다.

예민함 이외의 부분, 예를 들어 학교에서 잘하는 과목,
적성에 맞는 학문 분야나 직업 분야는 제각각이기
때문이다.

꼼꼼한 감성을 수학적 사고에 활용하는 사람이
있는가 하면,

역사 연구에 활용하는 사람, 예술적으로 살리는 사람,
육아에 이용하는 사람도 있다.

아스퍼거증후군인 사람들은 이에 비하면
적성이 명확하다.
프로그래머나 시스템 엔지니어와 같이
IT 업계에서 일하는 사람이 많다.
현대의 컴퓨터 사회는 아스퍼거증후군인 사람이 이룩한
혁신 *innovation* 이 없었다면 존재하지 않았다는 주장이
있을 정도다.
발명가 중에도 아스퍼거증후군인 사람이 많다.
에디슨의 업적은 위대하지만, 그의 괴짜 *eccentric* 같은
성격은 주변 사람들을 힘들게 했다고 한다.

예민한 사람은 그렇게까지 극단적이지는 않지만,
다른 사람이 생각하지 못하는 부분에 관심을 가진다는 점에서
역시 아이디어가 필요한 일이 어울릴 것 같다.
확 달라진 신제품 기획이나, 세부적인 부분에 센스를 발휘한
공간 디자인은 어떨까?

하지만 이들이 넘어야 할 관문도 있다.
타인을 배려한 나머지 자신의 아이디어를
마음속에만 간직하고 있으면 재능은 그대로 묻혀버린다.

또한 '쉽게 지치는 점'도 주의해야 한다.
어떤 분야든 업무를 수행할 수 있는 수준의
지식과 기술을 익히려면 끈기가 필요하다.
집중력이 강해도 금세 싫증을 느끼거나
체력이 받쳐주지 않으면 수준을 끌어올릴 수 없다.

앞장에서 소개한 '제한 시간 작전(183페이지)'을
습관으로 만들면 한 가지 일에 지치지 않고
대응할 힘을 얻을 수 있다.
어학 공부, 자격증 시험 준비, 교양서적 독파처럼
얻고 싶은 지식이 있다면 꼭 한번 실천해보자.

일은 '무엇을 하는가?'보다
'누구와 하는가?'가 중요하다

예민한 사람에게 어울리는 직업은 한마디로
정의할 수 없지만,
'어울리는 직장'이라면 확실하게 말할 수 있다.
이해심이 많은 책임자가 있고
개인의 개성을 존중하는 문화가 형성되어 있는 곳이다.
업무는 개인 재량에 맡기는 부분이 많고
마감 기일만 지킨다면 자신의 속도에 맞춰
일할 수 있는 곳이다.

직장 분위기가 평온하고 따뜻한 곳.
동료와 친근한 관계를 맺을 수 있고,

단독 행동을 해도 이상한 눈으로 보지 않는 곳이 좋다.

반대로 일하기 어려운 곳은 동조 압박이 강한 직장이다.
이런 곳에서는 회식이나 사내 여행에는 반드시
참석해야 하며
약간만 개성 있는 복장을 하면 주목을 받고,
공을 세우면 냉정한 시선을 받기도 하며
반대의견을 내면 따돌림을 당한다.

삐걱대는 직장 분위기도 위험하다.
상사는 툭하면 갑질을 하고 오래 근무한 직원이
이상한 권한을 행사한다, 특정 직원을 괴롭히거나
견원지간인 직원이 있다, 회의 때마다 한 사람이
표적이 되어 질책을 당한다 등
솔직히 이런 분위기의 직장이라면
예민하지 않은 사람도 도망갈 판이다.

그래서 아직 자신의 적성과 흥미가
무엇인지 모르는 젊은이라면 업종이나 직종보다
'사람'을 보고 직장을 정하는 선택지도 고려해볼 만하다.

일반적으로 예민한 사람은 힘든 영업일이나
스트레스 받는 접대 업무에는 맞지 않는다고 생각하지만
꼭 그렇지만도 않다.

상대가 원하는 바를 짚어내는 능력이 뛰어나다면
그런 직장에서도 훌륭하게 일을 해낼 수 있고,
혹시라도 고객 때문에 스트레스를 받더라도
직장 분위기가 좋으면
상사나 동료와 고민을 나눌 수 있다.

스스로 할 수 있는 일을 하고, 할 수 없는 일은 노력한다.
그런데도 감당할 수 없는 일이 있다면
상담을 청하고 조언을 받아
최종적으로는 스스로 결정한다.

아직 배워가는 중이라도, 예민한 성격 탓에
때로는 무른 면이 있어도, 자립정신만 가지고 있다면
신뢰를 얻을 수 있다.

직장에서 좋은 인간관계를 맺는 경험도
하나의 큰 성공 체험이다.

이 경험이 자신감과 안정을 주고, 이를 바탕으로
자신이 '정말 하고 싶은 일'이 무엇인지 찾았다면
당신의 앞날은 희망으로 가득할 것이다.

●

예민한 사람에겐
무엇을 하는가보다
누구와 하는가를 고려하는
선택지도 좋은 생각이다.

예민한 사람을 위한 고민 상담실

Q : 대화의 리액션이 지나치게 무난합니다…….

저는 대화할 때 상대의 기분을 거슬리지 않으려고
상당히 신경을 씁니다. 그런데 얼마 전 문득 깨달은
점이 있어 깜짝 놀랐습니다. 친구가 "춥다"고 말하면
"춥네", "겉옷 하나 더 입을 걸 그랬어" 하면 "그러게,
하나 더 입을 걸 그랬네" 하고 마치 따라하기 로봇처럼
말하고 있었습니다. 문자 메시지나 SNS에서도
마찬가지입니다.

무난한 대답을 하려고 신경 쓰다 보니 어느새 버릇이
돼버렸는데, 아무래도 이상하게 보이겠지요?

A: 한층 '업그레이드된 배려'를 하는 요령

이상하지는 않습니다만, 본인이 이상하게 생각하는 점이
마음에 걸립니다. 그럼, 앞으로는 뭐든 솔직하게 말해봅시다!
역시 어렵겠지요. 그럴 때는 타고난 배려심을 활용해서
한 발 앞으로 나아가 봅시다. 친구가 어떤 사람이고,
어떤 말을 들으면 좋아할지 생각해서 이야기하는 겁니다.
예를 들어 친구가 색이 화려한 니트를 입고 왔다면 "니트 색이
너무 예쁘다"라고 말해보세요. 눈에 띄는 색의 옷을 입었을
때는 그 옷이 패션 포인트이기 때문입니다. 상대를 잘 살피고
자기중요감(109페이지)을 채우는 표현을 선택하면
상대와의 거리를 좁힐 수 있습니다.
서로 신뢰가 생기면 신경 쓰지 않고 솔직하게 말할 수 있는
사이가 될 수 있을 겁니다.

Q: 채팅 중에 언제까지 대답해야 할지 모르겠어요.

채팅할 때 언제까지 대답해야 하는지 모르겠습니다.
이제 그만 끝내려고 '잘자~'라고 보냈는데
'내일 봐~'라고 답장이 왔고, 읽었는데 답장을
안 할 수 없어서 '좋은 꿈 꿔~' 하고 보냈습니다.
그랬더니 또 '너도~'라고 답장이 왔는데

이제 뭐라고 보내면 좋을까요?

언제까지 답을 해야 하는지 잘 모르겠습니다.

A : '애매함'을 받아들이세요.

대화를 끝내지 못하는 이유 중 하나는 미움받고 싶지

않기 때문입니다. 미움받고 싶지 않다는 기대 심리를 버리면

'잘자~'를 마지막으로 깔끔하게 끝낼 수 있습니다.(그리고 '내일

봐~'라는 문자에 대답하지 않았다고 화를 내는 사람은 없습니다)

이런 경우 말고도 매번 언제 대화를 끊어야 할지 고민이라면

'회색지대'에 대한 내성이 약한 것인지도 모릅니다.

채팅이나 메시지는 반드시 마지막에 누군가는 대답하지 않는

쪽이 됩니다. 그 역할을 할 때 느껴지는 일말의 찝찝함을

받아들여 보세요. 이때는 '우선순위를 정하는 연습'(40페이지)이

효과적입니다. 애매하게 끝을 내도 대수롭지 않은 일로

생각하게 될 겁니다.

또한 계속 답장을 보내는 상대도 당신처럼 예민한 사람일 수

있습니다. 당신과 똑같이 '내가 마지막까지 답장해야 해'라는

생각을 할지도 모릅니다.

성격이 비슷해서 서로 잘 맞았다고 볼 수도 있으니,

예민한 상대에게 마지막 답장을 양보하는 일도

하나의 배려가 아닐까요?

Q : 아이의 행동이 불만스러운 저, 제가 나쁜 걸까요?
우리 아이는 이제 초등학교 3학년인데, 제가 식사
준비를 하고 있어도 전혀 도울 생각을 안 합니다.
'왜 집안일을 돕지 않느냐'고 한마디 하면 남편이
"엄마는 맨날 화만 내지~ 그렇지~?" 하고 아이 편을
들어줍니다. 제 마음도 몰라주고 저만 나쁜 사람 같아서
속상합니다.

A : 기대하지 말고 시킬 때는 구체적으로
자녀에게 지나치게 기대하고 있는 마음이 문제입니다.
'집안일을 돕는 아이'라는 이미지는 어머니 머릿속에만 있을
뿐입니다. '왜 집안일을 돕지 않느냐'는 질문의 답이 현재
자녀분의 마음속에는 없습니다.
또한 '나만 나쁜 사람'이라는 생각도 할 필요 없습니다.
자신을 포함해서 그 누구도 탓하지 마세요.
그저 '지금은 아이가 집안일을 돕지 않는다'는 사실만
있는 그대로 받아들이시면 됩니다.
기대하지 않으면 실망할 일도 없고, 지쳐 포기할

필요도 없습니다. 대신 '어떻게 하면 좋을까?'라는
생각을 하게 됩니다.

'집안일 돕기'를 예로 들어봅시다. 예민한 사람은
상대가 무엇을 원하는지 파악하는 능력이 뛰어난 만큼
상대도 그러기를 바라는 경향이 있습니다.
하지만 아이는 집안일에는 서툰 초보자이니
말해주지 않으면 알 길이 없습니다.
"젓가락 좀 놓아줄래?", "밥그릇 좀 꺼내줄래?"
이렇게 구체적으로 명확하게 부탁해보세요.
'알아서 도와줄 거야'라는 기대를 버리면 자연스럽게
"고맙다"는 말도 자주 하게 될 겁니다.

Q: 긴장을 빨리 푸는 방법은 없을까요?
회사에 있다 보면 상사의 목소리나 열받은 동료의
모습에 심장이 두근두근하거나 머릿속이 하얘집니다.
긴장을 빨리 풀 수 있는 기술은 없을까요?

A: 흔들어보세요.
몸에 다른 자극을 주면 두근거림이나 곤두선 신경을
진정시킬 수 있습니다.

특히 '흔들림'이 효과적입니다. 저는 신경이 좀 곤두서 있다 싶으면 다리를 떨어서 긴장을 풉니다. 사무실에서도 책상 밑에서 몰래 하면 그렇게 눈에 띄지 않습니다.

상반신을 흔드는 것도 좋은 방법입니다. 머리를 흔들거나 허리 위쪽을 시계추처럼 좌우로 기울이기를 반복하면 시야가 흔들리고 시각적 자극을 받아 정신을 분산시킬 수 있습니다. 아무도 없는 곳이면 마음껏 흔들고, 자기 책상에서라도 천천히 움직이면 옆 사람에게 방해가 되지 않을 겁니다.

Q: 마음속이 감정으로 가득 차 있어요.

저는 어른스럽다는 말을 자주 듣지만, 사실은 상당히 감정적인 편입니다. 다른 사람 앞에서는 감정을 잘 드러내지 못하는데, 사실 울고 싶은지, 화를 내고 싶은지, 웃고 싶은지, 소리치고 싶은지 저 자신도 잘 몰라서 표정에도 나타나지 않습니다. 겉으로 표출하지 못하니까 그만큼 속에 쌓여서 너무 피곤합니다.

A: 감정에 이름을 붙여봅시다.

자폐 아동들을 위한 '감정 교육'을 응용하면 효과가 있을 듯합니다.

자폐 아동들은 감정을 잘 조절하지 못합니다. 편의점에 가서
사고 싶은 물건이 없으면 '앙' 하고 울어버리기도 합니다.
이때 "지금 느끼는 기분이 '안타까움'이야"라고 감정의 이름을
알려주면 공황 상태를 진정시킬 수 있습니다. 기쁜 일이
있을 때 "이 감정은 '기쁨'이야" 하고 가르쳐줍니다.

이 방법을 응용해봅시다. 정체를 알 수 없는 감정이 몰려오면
'분함', '낙담', '분노'와 같이 생각나는 대로 감정의 이름을
써서 어떤 감정이 어느 정도 섞여 있는지 생각해봅시다.
'분함이 80, 낙담이 20'이라면 어째서 분한지, 무엇 때문에
낙담했는지, 더 깊이 생각해봅시다. 머릿속이 어느 정도
정리되지 않을까요?

주위에 신뢰할 수 있는 사람이 있다면 자신의 기분을
털어놓아 보세요. 상대가 "속상했겠구나"라며 감정을
공유해준다면 분명 마음이 한결 가벼워질 겁니다.

마치며

이 책을 마지막까지 읽어주셔서 감사합니다.

정신과 전문의로서 예민한 분 또는

'내 생활 스트레스 일부는 아무래도 다른 사람보다

섬세하고 예민한 성격이 원인'이라고 생각하시는 분을

위해 도움이 될 만한 대책을

엄선해서 소개하고 싶었습니다.

한 개든 두 개든, 한번 해볼까 하는 습관이 있었다면

저는 만족합니다.

마음에 든 습관을 하나씩, 천천히 몸에 익혀봅시다.

반드시 편안해지실 겁니다.

제가 이 책을 쓴 이유는 늘 사소한 일 하나에도
신경이 곤두서는 예민한 사람들에게
항상 고민하던 일들이 의외로 간단한 결심이나
습관으로도 해결할 수 있는 것이라는 사실을
알리고 싶어서이기도 했습니다.
앞에서도 계속 말씀드렸지만, 어떤 성격이든
개선할 수 있습니다.
항상 고민하던 일을 어쩌면 쉽게 해결할 수
있을지도 모릅니다.

이를 위한 요령을 마지막으로 한 가지만 더
소개하려 합니다.

예민한 사람은 대화할 때 상대의 표정과 감정이
신경 쓰여서 어쩔 수 없이 긴장하고 맙니다.
긴장한 상태로 이야기를 하니
결국 나중에 돌이켜 생각해보면
'아무 의미 없는 말이나 상대의 마음에 들지 않는
이야기만 한 것 같다'고 후회하는 일이 많은데,
이 방법은 이런 사람을 위한 습관입니다.

대화할 때 긴장이 되면 '말의 양을 10분의 1로' 줄여봅시다.

다른 건 없습니다.

10분의 1은 너무 심하다고 생각할지도 모르지만,

그 정도가 적당합니다.

'상대의 이야기를 들어주자'라는 마음만으로는

그다지 변화가 생기지 않습니다.

하지만 '말의 양을 10분의 1로 줄이자'는 생각을 하면

처음 시도에서부터 말이 적어도 반으로 줄어듭니다.

10분의 1만 이야기해도 충분하다는 생각으로

이를 습관으로 만들면 자연스럽게 잘 들어주는 사람이

될 수 있습니다. 억지로 이야기할 필요가 없으니

상대의 표정이나 감정을 잘 파악하는 당신의 장점을

활용해 상대의 마음을 편하게 해주는 맞장구나 질문,

대답하는 기술도 단련해봅시다.

물론 잘 들어주는 요령을 주제로 한 책을

참고하면 금상첨화입니다.

그러다 보면 어느새 그 누구보다 당신에게

자기 얘길 하고 싶어 하는 사람들이

점차 늘어날 겁니다.

이는 직장 업무에서도, 개인적으로도
여러분에게 도움이 되는 일입니다.

섬세하며 예민하고 까탈스러운 성격은
당신의 장점이 될 수 있습니다.
버려야 할 성격도 아니고 어쩔 수 없이
받아들여야 하는 성격도 아닙니다.
당신을 방해하는 섬세함은 개선하고,
당신의 장점이 될 수 있는 섬세함은 자신을 위해,
또 세상 사람들을 위해 쓰면 어떨까요?

이 책이 당신에게 조금이나마 도움이 되길 바라며
이만 마치겠습니다.

니시와키 슌지

옮긴이 | 이은혜

기계공학을 전공하고 엔지니어로 일했지만, 행복한 인생을 찾아 이화여자대학교 통번역대학원에서 다시 번역을 공부했다. 현재 번역 에이전시 엔터스코리아에서 출판기획 및 일본어 전문 번역가로 활동하고 있다. 옮긴 책으로는 《나는 뭘 기대한 걸까》, 《상대방을 설득하는 아이디어 과학》, 《따뜻한 세상은 언제나 곁에 있어》, 《피곤한 게 아니라 우울증입니다》, 《출근길 심리학》 등이 있다.

예민한 사람도
마음이 편안해지는 작은 습관

초판 발행 · 2021년 6월 23일
특별판 1쇄 발행 · 2022년 4월 30일
특별판 3쇄 발행 · 2023년 1월 16일

지은이 · 니시와키 슌지
발행인 · 이종원
발행처 · (주)도서출판 길벗
브랜드 · 더퀘스트
출판사 등록일 · 1990년 12월 24일
주소 · 서울시 마포구 월드컵로 10길 56(서교동)
대표전화 · 02) 332-0931 | **팩스** · 02) 332-0586 | **홈페이지** · www.gilbut.co.kr
이메일 · gilbut@gilbut.co.kr | **대량구매 및 납품문의** · 02) 330-9708

기획 및 책임편집 · 송혜선(sand43@gilbut.co.kr) | **제작** · 이준호, 손일순, 이진혁
마케팅 · 한준희, 김선영, 이지현, 류효정 | **영업관리** · 김명자, 심선숙 | **독자지원** · 윤정아, 최희창
CTP 출력 및 인쇄 · 예림인쇄 | **제본** · 예림바인딩

p.7 : 연락이 닿지 못한 독자분께서는 출판사로 연락주시기 바랍니다.

ISBN 979-11-6521-583-5 03190 (길벗 도서번호 040253)
정가 : 15,500원